萧伯纳传

崔　龙◎著

時代文藝出版社

图书在版编目（CIP）数据

萧伯纳传 / 崔龙著．—长春：时代文艺出版社，2012.4（2021.5重印）
（诺贝尔奖获奖者传记丛书）

ISBN 978-7-5387-3916-9
Ⅰ．①萧… Ⅱ．①崔… Ⅲ．①萧伯纳，G.（1856～1950）－传记 Ⅳ．①K835.615.6

中国版本图书馆CIP数据核字（2011）第274293号

出品人 陈 琛
责任编辑 余嘉莹
装帧设计 孙 利
排版制作 隋淑凤

萧伯纳传

崔龙 著

出版发行 / 时代文艺出版社
地址 / 长春市福祉大路5788号 龙腾国际大厦A座15层 邮编 / 130118
总编办 / 0431-81629751 发行部 / 0431-81629755
官方微博 / weibo.com / tlapress 天猫旗舰店 / sdwycbsgf.tmall.com
印刷 / 保定市铭泰达印刷有限公司
开本 / 710mm × 1000mm 1 / 16 字数 / 130千字 印张 / 12
版次 / 2012年4月第1版 印次 / 2021年5月第3次印刷 定价 / 29.80元

授奖辞

Award-winning Remarks

“由于他那些充满理想主义及人情味的作品——它们那种激励性的讽刺常蕴含着一种高度的诗意美。”

——诺贝尔奖委员会

目录 Contents

序言　他是一个剧作家 / 001

第一章　生来落魄

1．乔治一家子 / 002

2．童年 / 006

3．音乐的魅力 / 011

第二章　落魄小子的征程

1．去往伦敦的前后 / 016

2．克服羞涩，竟变成了演说家 / 022

3．评论家萧伯纳 / 026

第三章　剧作家肖伯纳

1．作为剧作家 / 036

2．剧作家的高产 / 043

3．萧伯纳戏剧中的女性 / 057

4．检查制度 / 060

5．大师的创作技巧 / 063

第四章　大师的那些事儿

1．萧伯纳与他的剧作 / 068

2．莫尔文戏剧节与《苹果车》 / 076

3．萧伯纳与美国人 / 080
4．婚姻与家庭生活 / 083
5．朋友们 / 097
6．“我被她们追求了” / 102
7．战争中的萧伯纳 / 105

第五章　大师的思想世界

1．宗教观 / 116
2．萧伯纳的社会哲学 / 124

第六章　诺贝尔文学奖

1．《圣女贞德》 / 130
2．获奖与捐助 / 132

第七章　暮年

1．在70寿辰宴会上的讲话 / 136
2．老骥伏枥 / 139
3．最后的历程 / 148
4．尾声 / 155

附　录

萧伯纳生平 / 166
获奖辞 / 169
获奖时代背景 / 172
萧伯纳年表 / 174
获奖当年世界大事记 / 178

序言

他是一个剧作家

萧伯纳的好友佛兰克·赫里斯认为，一个人是否能在戏剧界取得成功，在很大程度上取决于私人的关系和对著名演员优缺点的认识以及观众当时的要求。在萧伯纳当时所处的环境中，情况确实如此，然而这些法则对萧伯纳来说似乎完全不起作用。

不错，萧伯纳的确创作出了许多成功的角色，但是他对那些舞台明星却是极为厌烦的，虽然这些明星们能够把原本不存在的角色栩栩如生地表现出来，但是萧伯纳并不愿意利用这些剧坛明星，他想让观众受到强烈的冲击与震撼，而不是为了一睹明星风采而走进剧院随着玩偶式的明星而喜怒。

萧伯纳的戏剧创作之路并不是一帆风顺的，在人们看来，一个执著于写作的人创作戏剧应该不是难事，实际情况并非如此。在好友阿契尔的极力推动下，萧伯纳才开始尝试写戏剧，起初，阿契尔给萧伯纳提供了一段情节，也就是说，萧伯纳所要做的，就是写对白。萧伯纳写完两幕后，拿给阿契尔看。阿契尔看着妙语连珠的对白，并没有在其中发现一点儿情节，阿契尔只好取消了与萧伯纳的合作计划。同时，萧伯纳也被阿契尔当做一个无可救药的剧作家，甚至称不上是剧作家，萧伯纳当时似乎也接受了这个看法，也许自己真的不合适做剧作家吧。

如果不是后来有一个叫杰克·格林的荷兰人鼓励萧伯纳写这出戏的第三幕的话，萧伯纳也许永远都不会发现自己其实挺适合做剧作家的，也不会使得他的第一个剧本《鳏夫的房产》得到演出的机会。因而，杰克·格林不仅作为英国独立剧团的创立人使英国戏剧演出领域得到发展，还造就了一位剧作界的大师级人物。

《鳏夫的房产》获得成功后，萧伯纳开始致力于戏剧创作，即便如此，他创作之初的戏剧作品多数为应急之作，也就是为了上演而写的。当然，也有受到自己内心的驱使而写的，那就是《人与超人》、《千岁人》、《伤心之家》。后来的大多数剧作都是应客观要求而创作的，比如说《好逑传》是为杰克·格林创作的，但是杰克·格林无法排演此剧，后来的《康蒂妲》、《风云人物》、《魔鬼的门徒》等，也是应市场需求而创作的。

那个时候的大多数剧作都是立刻获得成功或是失败，或是昙花一现，像凋零的落叶那样湮没无闻，而萧伯纳的作品却逃脱了厄运，成为了不朽的佳作。当然，这与当时的戏剧社、剧团、小剧院以及业余俱乐部有着很密切的关系，所以说，作为剧作家的萧伯纳虽然对明星表示厌烦，但是明星们的演绎却为他的剧目的流传做出了贡献。

萧伯纳的剧作家经历可分为三个时期，第一时期，萧伯纳做同道剧团运动中一个能够自由行动的剧作家，完成了几个剧本的演出。有时他自己还作为演员表演自己的剧作，他的剧作演出后总能引起热烈的讨论。为此，萧伯纳还打趣说："每次失败都能使我的声誉大增。"

在这个时期，萧伯纳写了10个剧本，第一个剧本《鳏夫的房产》虽然不大为人所知，但是它让萧伯纳自己决定要走向剧作之路。第二时期，是他和格兰维尔·巴克合作的时期，巴克是当时非常有名的演员，两个人的合作使得两人在剧作和表演这两种事业中创造了戏剧界的历史，萧伯纳也在伦敦有了稳固的地位。第三时期，就是他和巴里·杰克逊合作，直到他的最后一部剧作《她为什么不愿意》。

作为戏剧家，萧伯纳的剧作《圣女贞德》是最受欢迎的作品，也是让萧伯纳获得荣誉的作品。1925年，瑞典皇家学院投票将诺贝尔文学奖颁发给《圣女贞德》的作者——乔治·伯纳·萧。

第一章 生来落魄

1. 乔治一家子

说到威士忌酒，我们免不了想起萧伯纳的父亲。在所有对萧伯纳的伟大有过贡献（不管贡献多么小）的人物当中，他那充满着人性汁液的父亲是颇为突出的。他的母亲是个非凡的女人，但不是那种使男人情愿为之牺牲的女人。她缺乏那一种烈火。但他的父亲，他清醒的时候，一定很讨人喜欢，或者甚至是个可以共同生活的人。作为供养家庭的人，作为父亲，他当然不太够格，但做个邻居，一定还是很有趣的。

如果家里没有这个滑稽的、不负责任的家伙，萧伯纳会变成什么样的人呢？想到这个问题就令人震惊：萧伯纳也许会变成一个爱尔兰的安东尼·康斯托克(1844—1915，美国改革家，“扑灭罪恶协会”秘书。他没有读过萧伯纳的戏剧《华伦夫人的职业》，却痛斥这个剧本，说它是“猥亵的”作品）吧；也许不会，因为他有一个不信教的拉伯雷式的叔父，一个船上的外科医生。他竟敢当着幼年萧伯纳的面提出这么一个假设：拉撒路的复活全都是拉撒路和拿撒勒人耶稣事先安排好的，这只不过是帮助耶稣的一项友好的宣传罢了。相比之下对于玷辱门庭来说，萧伯纳的父亲从不会比他叔父更厉害。事实上萧伯纳的父亲是一个很温顺的英国国教徒，同时萧伯纳的父亲还是一个具有浓重幽默色彩的人，只是有些时候他总是无法控制地受着嗜好的驱使，因而，会在不知不觉中说出亵渎的言论。萧伯纳身上的幽默，以及欣赏幽默的“倒高潮”的嗜好，当然得自他的父亲，所幸的是父亲在社交方面的玷辱门庭没有被萧伯纳所继承。

萧伯纳的祖父可不是一个普通人，他是罗伯特爵士的兄弟，是都柏林的一个股票经纪人，作为玩弄股票的人士，自然能赚得许多利润，而事实上，他生的孩子比他在股票上赚得的利润还要多。

那是1817年，他又多了一个儿子，这个小生命的诞生，使得他兴高采烈。这个小孩不是别人，正是乔治·卡尔·萧，也就是萧伯纳的父亲。不得不提的是萧伯纳之所以能够合法出生，是因为乔治·卡尔·萧充当了“女王的丈夫”的角色。说起“女王的丈夫”，就不得不提萧伯纳的母亲。

露辛达·伊丽莎白·格里，简称贝西，这个女人何以被称为“女王”呢？答案当然要从她的较为体面的家世中寻找。早在拿破仑战败时期，英国为胜利者爱尔兰铁公爵韦林顿建立铜像的时候，在都柏林南边的一座小城中，大家就在议论着一件事情，惠特彻奇乡绅的女儿是否会和沃尔特·巴格纳尔·格里结婚，不久之后大家得到了肯定的结论。你肯定会纳闷儿沃尔特·巴格纳尔·格里是何许人也，其实从他的名字上不难看出他与贝西的关系，没错，沃尔特·巴格纳尔·格里是贝西的父亲。

从现有资料中可以看出沃尔特·巴格纳尔·格里也是个乡绅，乡绅与乡绅的联姻，无疑为格里一家的体面身份镀了金边儿，但是还不足以让格里家的某位女士被称为“女王”，而格里家族中的祖先曾担任过克伦威尔内阁的国防大臣，似乎这才是女士被称为“女王”的真正原因。

乡绅的强强联姻并没有始终保持，因为惠特彻奇乡绅的女儿，沃尔特 · 巴格纳尔 · 格里的妻子，贝西的母亲很早就过世了。所以，这位伤心欲绝的格里乡绅不得不把贝西托交由她蛮横的姑母抚养，这对贝西甚至她的儿子萧伯纳来说都具有深刻的影响。这并不是因为她姑母拥有什么能够对某人产生影响的人格魅力，完全是因为她有着与俾斯麦一样的强势和意志，还因为她想让贝西继承自己的财产。如此一来，贝西就得成为一个名门贵妇，或者攀得一门与名门贵族的亲事，否则她就不具备继承财产的资格，至少她的姑母是这样认为的。换句话说，贝西必须时时刻刻都挺直身子坐着，任何时候都不能高声说话，更不用学习任何有用的知识，当然也不用明白使自己能够过着奢侈生活的金钱是从何而来，另外，永远都不用接触粗俗的生活现实。

由于贝西一定要成为一个具有文雅之风的女人，所以她必须向著名的音乐家罗吉尔学钢琴，在此期间这位音乐学家还给贝西讲授了自己有名的论文《和声学》的原理，奠定了贝西的音乐知识的基础，也许这也是萧伯纳具有音乐天赋的原因吧。

因为贝西的可怕、蛮横不讲理的姑母长久以来的管制，使得她在姑母订下的众多规矩中极为压抑，她也从中获得了宗教信仰和偏见。正因为如此，婚后的她坚决不让她的孩子得到任何教养，她的姑母让她讨厌教养这个东西。当她年老的时候，她做了音乐老师，以维持她和萧伯纳的生活。

萧伯纳在给朋友的一封信中这样写道：她晚年以招魂术自娱，要和她所钟爱的亡女交谈；但她不久对这玩意儿感到厌倦了，接着她的亡女宣称她们应当诀别，让她和一个纯粹形象中的约翰神父往来。这个神父自称是一个生于基督前六千年的西斯特申。从这封信中，我们可以看出贝西当音乐教师的晚年时光的惬意，以及埋藏在精神世界的温存。

那么，贝西所嫁的乔治·卡尔·萧是怎样的人呢?

首先，他是一个贵族，其次他是一个没落的贵族，再者他是一个受到嗜好驱使的、酗酒无度的暴躁蛮横的没落贵族。这种定义出自他的时常烂醉如泥之后对贝西粗暴态度甚至暴力行为，这也正是贝西离开都柏林去往伦敦的原因，显然的，当初贝西决定嫁给这位乔治·卡尔·萧是为了摆脱蛮横姑母的“统治”。另外，那个时候的乔治·卡尔·萧只是表现出了愚昧无知，并没有将喝酒的嗜好表现出来。

在乔治一家子中，还有一个不得不提的人物，这个人对萧伯纳的影响应该说是极为巨大的，这人就是乔治·约翰·范达勒尔·李。此人乍一看像萧伯纳的叔叔，其实他并不是萧伯纳的叔叔，也并非乔治家族的任何一个人。他是一名音乐教师，他也是一位颇有成就的生理学家。萧伯纳在很小的时候就能用口哨吹出著名歌剧中的曲调，自然是因为这位李的影响。而他在生理学上的成就是被萧伯纳后来称为“发声法”的创造，这是李根据自己对人体喉头结构以及对声乐方面的学识而改进了的一种唱歌的专门技术，这种技术再后来也成为萧夫人最为认可的发声技法了。

说了这么多，还并未涉及这位李与乔治一家是如何产生联系的，事实上，李和乔治一家子是属于拼房关系，由于他需要一个较为体面的住处，然而他所找到的房子太大，而乔治家又觉得房租过于昂贵，在这种情况下，他们决定——合租。李就是在这一时期研究了“发声法”，并且李就是在这栋房子里一遍遍地排练着由他领唱或是演奏第一小提琴的业余合唱团，还排练过许多的音乐杰作，颇有音乐造诣的李经常能使得一个管弦音乐队进入催眠状态，有着了不起的指挥才能。

萧伯纳就是在这种气氛中成长的。后来的萧伯纳自己也承认他的一生有两个父亲：范达勒尔 · 李和乔治 · 卡尔 · 萧。

2. 童年

萧伯纳的童年和其他有影响力人物的童年似乎是一样的，虽然他们每一个人的童年都不尽相同，但是，至少有一点是共同的，那就是在贫穷困苦中度过。

毋庸置疑，萧伯纳的童年也是贫穷痛苦的。作为没落贵族乔治 · 卡尔 · 萧的儿子，萧伯纳怎会生活在贫穷困苦中呢？他的贫穷困苦似乎与别人是不同的，因为他从来没尝过饥饿的痛苦，没落贵族决意不让孩子遭受饥饿痛苦。因此，萧伯纳总能够在家里面吃上面包和黄油。这是否就能证明萧伯纳童年时期所遭受的贫困不是真正意义上的贫困呢？

如果仅仅是因为能够吃上面包和黄油就把小萧伯纳排除在贫困之列以外，那么贫困的定义未免太过片面，事实上面包和黄油并不能让萧伯纳摆脱慢性贫困的伤害，换句话说，乔治 · 卡尔 · 萧能够让萧伯纳用足够的面包和黄油，是打肿脸充胖子的行为，而这个装出上等社会地位的可怜贵族甚至连这些面包和黄油的一半的钱都掏不出来，看来，可怕的贫穷已经使得昔日的贵族只能靠面包和黄油来充门面了。对于贫穷的看法，萧伯纳后来在写给某位法官的信中说道：唯有儿童的贫穷是值得重视的贫穷。曾经在幼年度过贫穷生活的成年人永远都忘不了贫穷的冷酷，然而有些人会为他的后代得到较为全面的营养而着想。

很明显，信中的“有些人”就是指他的父亲，也可以看出萧伯纳重视的是让成功难以实现的艰难困苦给人所带来的影响，而对于那种让成功不可能实现的贫穷是极为厌恶的，也就是说，幼年时期的贫困经历有催人奋发的作用，而成年人因为好吃懒做而导致的贫穷是活该的，是看不到希望的，是没有成功的可能的，因而是讨人厌的。关于这一点，萧伯纳没有向着自己的父亲。

幼年的萧伯纳总是一副庄重的态度，甚至对年纪比他大的孩子依然如此。对于女孩子他有着应该有的谦让态度，同时，萧伯纳还是一个十分胆小的孩子。即便是他生来就会张狂地讲故事，让其他的男孩子见识到他的勇猛和胆量，其实他知道自己的吹嘘极不可靠。因为，当一个稍微比他大一点儿的孩子吓唬他的时候，他就会惊慌失措，随之仓皇而逃，这种怯懦的性格似乎已被他所意识到，因为他自救的情绪让他的童年充斥着可怕的苦楚，这似乎也是使得他过度敏感的原因。

过度敏感的童年是充满泪水的童年，这主要体现在遇到一点儿小挫折的时候眼角溢出的泪花，即使处于童年的萧伯纳曾与这种他认为可耻的弱点进行过斗争，然而，这似乎没有改变他童年时的忧郁。然而这种斗争竟然让成年之后的萧伯纳具有一种超常的自制力。

关于幼年时的悲楚经历，萧伯纳谈到自己的母亲时说："她以容忍的态度对待她的孩子们，甚至也用这种态度对待丈夫的贫穷和酗酒以及其他的一切，她把孩子交给仆人和上帝去管，如此一来她就对刚满6岁的孩子不闻不问了。"

从他的这些言论中，我们似乎可以看到萧伯纳童年的苦楚似乎不仅仅是没落贵族父亲伪装上等社会，让他能够不缺面包和黄油，而且也在于父母对他的不管不问给他带来的孤独的苦恼。

综上所述，萧伯纳童年时期就有了强烈的独立意识，这就不难理解了。这主要表现为萧伯纳在10岁之前就已经自行废止家庭祈祷以及去教堂做礼拜的习惯，而幼年的他也没有独自举行过宗教仪式，更要命的是他经常发表轻蔑圣经的言论，他的这种举动曾让不怎么虔诚的乔治·卡尔·萧大为震撼，而当听到小小萧伯纳的话似乎有些道理的时候他又为自己有这样的儿子感到骄傲。

童年时期的萧伯纳经常和父亲去基林尼湾游泳。父亲曾让年幼的萧伯纳认识了学习游泳的重要性。乔治·卡尔·萧告诉自己的儿子，自己14岁的时候曾下水救过一个人，这不仅使得萧伯纳爱上了游泳，还对父亲产生了一丝敬畏。游泳是萧伯纳童年最喜欢的爱好，他童年的时候经常是一个人游泳，很少与同龄人玩耍。这似乎不止是游泳造成的，还因为乔治·卡尔·萧的态度。有一次萧伯纳较为少见地和另一位同学上街玩耍，两人玩得很开心，回家后萧伯纳兴奋地向父亲诉说了他们玩耍时的情形。当乔治·卡尔·萧得知与萧伯纳玩耍的小伙伴是铁器店老板的儿子时，大为惊骇，并严肃地教训萧伯纳说，永远不要再和零售商们的孩子玩耍。这让原本就较为孤僻的萧伯纳更为孤僻了，同时，他对父亲的做法极为不认同，甚至后来他对此说道："这，也许是我的父亲所犯下的最严重的罪行。"萧伯纳认为人只不过是社会动物，如果可以自己选择自己想要交往的人，并且已经在其他方面得到了适当的教养，那么无论是与何种社会地位的人交往都能和睦地相处，千万不能认为我们一定可以和相同地位的人相处得更好。

萧伯纳的童年是在都柏林韦斯利教派学校念书，入学之前他已经跟他的伯父乔治·卡罗尔牧师学习了不少的拉丁文。对于韦斯利教派学校这种教会学校来说，拉丁文和希腊文是必学科目，也是经典科目。这个学校和所有的教会学校一样，每天上课的时候，首先要做半小时的教理问答，学员所有的答题都要不断加上《圣经》的论证。而萧伯纳不用上这门科，并不是因为他伯父是乔治·卡罗尔牧师，因为他们家住在达尔基，离学校实在太远，以至于萧伯纳不得不坐火车上学，所以他有迟到半小时的权利。也正是因为他是走读生，学校里的其他学生所受到的宗教熏陶和他一点儿关系都没有，他在这所学校里非但没有学到任何的知识，反而把他的牧师伯父教给他的东西忘得一干二净。萧伯纳后来说："有人说学校的笨学生，后来参加工作时，常常颇为成功，常常认为懒惰就是一个人有才干和品格的标志，实际上更确切的解释应该是：那些所谓的笨学生在开始走上人生严肃的道路之前，并没有处在精疲力竭的状态。"他还嘲笑学校的老师说："人类不能得到学校教师和什么其他师傅的拯救，人类只能受到他们的残害和束缚。"这些话显然表明了萧伯纳有着强烈的个人主义，在个人行动自由和信仰完全自由的两方面有着强烈的渴望，而这渴望在他的童年时代就已经萌生了。

事实上童年的萧伯纳拿到什么书都会看，唯独不看学校的课本。对于传教士教员的讲课他更加排斥了，因为萧伯纳的学习标准早已被那个具有生命力的范德勒尔·李制定了，他注定不会在学校的课本里读到任何对他有用的知识。在萧伯纳的眼里学校只是一个十分令人厌恶的臭监狱，父母把自己送到这里来的目的是让他们得到大半天的清闲与惬意，他认为教育的真正目的，就是减轻父母陪伴和照顾孩子时所遭受的痛苦与煎熬。萧伯纳在后来写道："已摆脱儿童的干扰。儿童比较喜欢喧哗、吵闹、不整洁、好发问、动静无常、偷懒、肮脏、破坏和恶作剧，这些表现对儿童来说都是健康的、自然的。"

萧伯纳与处在基督教社会下的孩子们不同，他在礼拜日十分不愿意去爱尔兰的圣公会教堂做礼拜，在一个小时的主日学之后，他和其他的同龄人坐在教堂中接受圣餐的膝垫上，对于这些萧伯纳极为厌恶，所以说每次礼拜结束时他一定第一个跑出来。

童年时期的萧伯纳由于没有在学校以外做过功课，更不曾在学校之内做过功课，过着长期无拘无束的闲散生活，所以说他对想象中的那种无所事事不抱有任何幻想，然而并非对责任纪律无所认知，他在很小的时候就已经明白自己做一些力所能及的工作比受着父母强制性的纪律锻炼更为有用。

萧伯纳童年的点点滴滴为他以后成为评论家、剧作家以至大师级文学家产生了深远的影响。

3. 音乐的魅力

萧伯纳从幼年时期就开始喜欢音乐和绘画了，尤其是音乐。用“喜欢”一词来形容萧伯纳对音乐的看法还是远远不够的，因为当时的萧伯纳已经开始像鸭子爱水那样喜欢音乐了。

在萧伯纳的幼年时期，无论是谁带他去听歌剧，他总会兴奋异常，虽然那时的萧伯纳还不知道歌剧到底是个什么东西，但是已经能够用口哨吹出许多歌剧的曲子了。

萧伯纳曾在母亲的相册里看见所有的伟大歌剧歌唱家的照片，他们大多都穿着晚礼服。在剧院里，萧伯纳看见涂上金色的包厢里坐满了穿着晚礼服的人。因而，年幼的萧伯纳认为眼前的这些人都是歌唱家，所以在看歌剧的时候，萧伯纳总是时不时地看看那金色包厢中的“歌唱家”的反应。当他从这些“歌唱家”脸上看到赞许的表情时，他也煞有其事地点点头，旁边的成年人自然不知道这个小孩到底为什么点头。事实上，当他得知自己在观看歌剧的时候必须要背对那些“歌唱家”的时候，极为疑惑不解，他的这种疑惑不解在开幕的时候全然不知踪影，随之而来的是无限的惊愕与欢乐。正是这种惊愕与欢乐，让还不到12岁的萧伯纳能够用口哨吹出所有歌剧杰作的音乐，并且可以从前奏曲吹到终曲。

同样，绘画也引起了萧伯纳极大的兴趣。在他15岁的时候，他不用看目录就可以认出都柏林美术馆里许多意大利画家和佛来芒画家的作品，萧伯纳相信，除了馆中的管理员之外，整个爱尔兰只有他一个人到过美术馆。

萧伯纳后来认为，许多不能鉴赏文艺或音乐的人却爱好建筑、绘画、雕像、衣服以及舞台艺术。

萧伯纳并没有受到过音乐方面的专门教育，幼年的他能够用一个手指头在钢琴上弹奏《哨兵的华尔兹》，然而，由于他是男孩子，人们想不到这个小男孩对弹钢琴这种少女们才会喜欢的东西产生兴趣，所以很是惊奇。也许正是这种看法，让萧伯纳少年的某一时期不再弹钢琴，后来，萧伯纳的母亲和两个姐姐去了伦敦，给他留下了钢琴，可是没有留下乐曲，这时，萧伯纳才得以重新接近钢琴。

他开始利用钢琴的总谱自己练习，并开始研究乐器音乐的宝藏。这些研究甚至是在对萧伯纳的音乐产生影响的范德勒尔·李的研究之外的。直到他去伦敦之后，再与范德勒尔·李接触的时候，已经能够在派克街音乐集会里做伴奏者了。

即便如此，萧伯纳本人或者是他的家人，也或者是范德勒尔·李却从没有考虑到萧伯纳也许能够成为职业音乐家。有一次，一个十分有成就的业余双簧管演奏者想要教萧伯纳吹双簧管，然而萧伯纳的父亲坚决不同意。一方面，在乔治·卡尔·萧的眼中，这种管弦乐队队员的职业会玷辱乔治家的高尚显赫的门庭；另一方面，他认为想要凑足买一只双簧管的5磅15先令实在不是一件容易的事。因此，萧伯纳一生中成为职业音乐人的唯一机会以及当时唯一的就业机会就这样被父亲剥夺了。

无法成为一名职业的演奏者的萧伯纳并没有为此遗憾。事实上，萧伯纳的母亲也从来没有打算教他唱歌，因为小萧伯纳一直都在唱歌，然而，当他长大成人，到伦敦找到母亲的时候，不得不坚持请求母亲传授“发声法”，教他用那种初次正确发音时完全听不见的声音。后来，她把萧伯纳的声音训练成一种十分不错但还不是特别好的男中音，当遇到唱不上去的音符的时候，他就使音阶变调，然后按照需要提高或降低，同时还用口哨尽力模仿管乐器。如此一来，萧伯纳就能够以男中音表演全部的歌剧用来自娱自乐，因而吵得邻居不得安宁，甚至找上门来大发脾气。有时也让他的母亲大发脾气，母亲听不惯当时新兴的瓦格纳和声，并且还骂他的音乐剧“全都是吟诵调”。

但是，这些艺术和诗歌对萧伯纳产生的影响不言而喻。

萧伯纳在后来关于儿童培养方面的许多意见都是与工作和游戏有关的，当然，这些意见与他自己的幼年时期的经验有很大的关系。

第二章　落魄小子的征程

1. 去往伦敦的前后

萧伯纳20岁的时候，决定离开这个让自己屡次受挫的爱尔兰，那么，他打算去哪儿呢？自然是去伦敦，因为能让他有所依靠的地方，唯有伦敦了，毕竟他的母亲在那里。

20岁的年华，虽然还算不上有多么深厚的阅历，可也多少有些社会经验了，萧伯纳的人生经验似乎是以失败为主旋律的，这个打算乘船前往英格兰谋生的小伙子到底有着怎样的工作经历呢？

事实上，萧伯纳15岁就辍学出去找工作了，那个时候的他除了能用口哨吹出许多歌曲以及擅长男中音唱法之外，没有别的特长。然而，谁会去雇一个人专门为自己吹口哨或者是为办公室里设置一个男中音呢？可见，15岁的萧伯纳找工作的确不是一件容易的事。

如果不是他的较为有势力的伯父帮助，萧伯纳的第一份工作也许会来得更晚。1871年，在伯父弗雷德里克的帮助下，萧伯纳顺利进入了都柏林乌尼雅克·汤森地产公司，他在那里工作了5年。起初只是小职员，虽然作为低级小职员的萧伯纳月工资只有4.5美金，然而他每月的真正所得却并不止这些，因为他擅长的男中音派上了用场，当老板不在公司的时候，许多同事都用很高的报酬请求萧伯纳教他们歌剧唱法，因而，萧伯纳的收入比高级职员都要多一些。

在乌尼雅克·汤森地产公司任小职员的时候，萧伯纳的工作就是每个星期二乘电车到特伦努尔·向惠顿地产区多德街十几个小屋征收每周一先令到二先令半的租金。那些小屋在后来改建成了比较像样的房子，而那时的萧伯纳已经不是每个星期跑腿收钱的小职员了。这种跑腿收钱的工作，萧伯纳只做了一年，由于有个出纳员突然辞职，公司就让年轻的萧伯纳填补了这个空缺。萧伯纳的确没有让公司失望，工作十分出色，因而，他的薪金也增加到了48英镑一年。在萧伯纳看来，这份工作进行得十分顺利，然而这种顺利并没有让萧伯纳感到真正的快意，因为这种奴役般的工作并不是自己想要的。如果有逃脱这种状态的机会，他是一定不会放弃的。

事实上，萧伯纳决定去伦敦的真正原因并不是因为母亲在那里而使自己有所依靠，而是在当时来说，只有在伦敦才有从事艺术工作的可能，至少萧伯纳是这么认为的。

在这期间，萧伯纳曾经写了一封信给《公论杂志》的编辑，这封信很快被发表出来了，主要体现出这个出自都柏林萧家的年轻人是个无神论者，这对全世界来说，并没有产生影响，也不可能产生影响，而对于都柏林的萧家来说，却是一件惊天动地的大事。这个年轻人的叔伯们举行了严肃的会议，但是并没有采取什么行动。不得不说的是，萧伯纳的这种无神论观点主要是受到母亲的影响，他的母亲曾以极为冷淡的态度拒绝宗教信仰，因而，这似乎也可以算作萧伯纳在令人压抑的工作状态下渴望去伦敦的原因。然而，《公论杂志》的那个编辑并不知道萧伯纳的具体情况，而是被一种否认宗教的态度而感动，因此就把那篇文章给刊登了。

大多数作家在第一次看见自己的文章被刊登的时候，都会感到光荣和激动，而萧伯纳并没有这种感觉，在他看来，如果杂志上刊登了他所画的图画或者是他站在台上，在管弦乐队的伴奏中演唱歌剧，那么自己肯定会欢呼雀跃的。而如今刊登的只不过是一些文字而已，文章谁都会写，所以没有必要为此激动。

1876年3月，萧伯纳正式通知乌尼雅克 · 汤森地产公司，他将在一个月以后辞职，他并没有向父亲或是帮助他的伯父征求意见，父亲并没有为此责怪萧伯纳，即使他知道萧伯纳也要追随他的母亲前往伦敦而使自己的生活陷入孤独，然而儿子如果真的去了伦敦，自己也可以自由行动，少了许多拘束，因而并没有为此忧心。对于萧伯纳的辞职，他采取的唯一行动就是请求汤森地产公司给萧伯纳写一张工作优良的证明书。无论他的这个举动是出于何种意图，都遭到了萧伯纳的强烈鄙视。在萧伯纳看来，自己的才能不需要被一张“称职而可靠的出纳员”的证明来做铺垫，他把父亲的举动看做是对自己才能的极大的蔑视，因而，离开父亲去往伦敦的渴望更加急切了。

在萧伯纳看来，爱尔兰对于他来说，根本没有意义，倘若不是自己出生在爱尔兰，自己或许永远也不会来这个地方，他甚至还说：“没有一个人不会爱‘他所征服的’城市而去爱‘那个征服他的’城市。”当然，这句话显然是他成功之后或是他认为自己已经征服了伦敦才说的。从这句话可以看出他对爱尔兰的态度，或许这句话还有其他的意义。然而，萧伯纳的确是为了去征服伦敦、放飞自我而抛弃了在乌尼雅克 · 汤森地产公司的职位。

当然，命运在这个时候并没有给萧伯纳放飞自我的机会，而是让他落魄不堪。

萧伯纳到了伦敦肯定不会做自己能做的工作，诸如地产职员或是出纳一类，在他看来，如果自己在伦敦从事出纳工作的话，那就等于自己从未踏出都柏林半步，如此一来，他所能从事的工作也只有写作了，其实，这是萧伯纳梦寐以求的。

实际情况依然没能顺应萧伯纳，在他到伦敦与母亲和大姐住了一段时间过后，他再度被迫去担任一个商界的职位。因为梦想在实现之前并不具备维持生计的能力，而他则是需要靠一日三餐才能得以活命的，虽然他具备绘画和弹奏的能力，然而他的这种能力还没有达到能让他填饱肚子的程度，雄心勃勃的他也不会一直靠着母亲和姐姐。所以，他只能暂且在爱迪生的电话公司工作。

在这个电话公司的职务当然不会还是出纳员，而是业务员，他的职务就是找到伦敦各种各样的商铺的老板，然后说服他们在自己的屋顶上安上爱迪生电话公司的电话线，在他看来，这似乎要比出纳工作有趣得多。然而，没过多久，萧伯纳便对这份工作产生了厌烦，并不是他许久签不来订单，而是在他的推销技巧愈发熟练之后，这份工作在他那里又变得单调乏味起来。巧合的是，这个时候，爱迪生电话公司的高层领导将他升为外务股长，这并没有让萧伯纳获得荣升的快感，因为相比之下，自己被升官之后若想要和这个公司脱离关系似乎要比之前更加困难。因而，升迁真正给这个怀揣写作梦的年轻人的并不是快意，而是忧愁。

爱迪生电话公司的经营情况让萧伯纳看到了希望，也许这是自己脱离这个公司最好的时机。果然，不久之后，爱迪生电话公司便被实力较强的培尔电话公司收购，此时的萧伯纳真正感受到了快意，并且下定决心从此开始投身写作。

在范达勒尔·李的帮助下，萧伯纳得到为《大黄蜂》报写音乐评论的机会，范达勒尔·李挂名在《大黄蜂》报音乐评论员，他让萧伯纳写评论，赚稿费。这算得上是萧伯纳的第一份写作工作了。

既然是写音乐评论，那么自然少不了观看音乐会，当时的音乐会代理商为音乐评论员赠送入场券，以获得评论员们的良好评论来增加音乐会的影响力，萧伯纳便经常能够得到免费欣赏音乐会的机会。

不过，在萧伯纳看来，音乐代理商赠送的入场券并没有让自己欣赏到真正的音乐，甚至是在欺骗观众。因而，在他的评论中出现了许多轻蔑之辞，并且公然表示伦敦音乐界不存在具有魅力的指挥，还说这些演奏的人是音调不和谐的骗子，这些令人难堪的辞令使得音乐会的代理商不再赠送萧伯纳入场券，《大黄蜂》很快便"拔掉"了萧伯纳这根蜇人的刺，而萧伯纳这根刺针也离开了《大黄蜂》。不久之后，《大黄蜂》停刊，由此说来，萧伯纳的第一份写作工作断送于自己的手下。

没了撰写音乐评论的工作，萧伯纳正式决定写小说，从1879年到1883年的5年间，他一共写了5部长篇小说，然而，整个伦敦没有一家出版社肯出版这些作品，这使得萧伯纳陷入了极度窘迫中。

在他写小说的5年中，一共赚到5英镑15先令6便士的稿费，其中的15先令是一篇关于"教名"的文章的报酬，其余一些是专卖药品的文章的报酬，后者是他的一个做律师的朋友委托他写的，也就是说，如果萧伯纳的这个朋友没有委托他做这些事的话，那么萧伯纳在写作的5年里，只能赚到15先令的稿费。

很显然，在这个时期，萧伯纳是无法靠自己来维持生活的，然而，无论他的衣服和皮鞋破烂到何种程度，他也没有再次向生活妥协去做些自己能够做而却不想做的工作。那么，这一时期的萧伯纳是怎么过活的呢?

自从萧伯纳离开爱尔兰来到伦敦之后，父亲便每个星期给他寄1英镑，从未间断过，包括他写作的这5年，这1英镑使得萧伯纳不至于饿死。当然，母亲是萧伯纳这一时期的主要依靠，他的母亲作为招收私人学生的职业音乐教师，虽然收入不多，但是也能负担起自己儿子的花销。虽然在刚到伦敦的时候萧伯纳认为自己有义务也有能力将自己的母亲从不怎么富裕的生活中解救出来，他知道，母亲是从来都不会放弃自己的爱尔兰乡绅阶层的贵妇地位的，因而在这种与自己所坚持的地位不符的生活条件下，必然会感到憋屈。如果不是惠特彻奇留下的遗产可以逐渐变卖的话，萧伯纳很可能不得不先将笔杆放在一边，然后想尽一切办法赚钱，将自己的母亲从与其所坚持的地位不相符的生活状态下拯救出来，而事实上却是母亲在拯救他，以保证他在追求写作事业的路途中不会饿肚子。

在爱尔兰，萧伯纳作为乌尼雅克 · 汤森地产公司的出纳员能够获得不少的收入，即使这不少的收入是因为他的音乐才华。到了伦敦的爱迪生电话公司做业务员，不久之后就被升为外务股长，萧伯纳如果循着这条路走下去，也许就不会有乍到伦敦的落魄，当然，如果日后的剧作大师的人生轨迹中少了这份落魄，那么他后来的作品也许会乏味很多。

2. 克服羞涩，竟变成了演说家

虽然萧伯纳热衷于社会活动，但是这并没有让他从小就有的害羞得到一点儿改变。这也是萧伯纳的一个弱点，他不敢在大庭广众之下发表言论，甚至都不敢在人多的地方说话，人群中的萧伯纳像是个哑巴。

然而，这样怎能够被社会承认呢？这样怎能更全面地更直接地表达自己的想法呢？萧伯纳意识到了自己的害羞性格为自己的路途设置了一个不小的障碍，为了扫除前进道路上的障碍，萧伯纳不得不做出一个决定：克服羞涩。当然，这个决定为他带来了不小的影响。

1880年的秋天，萧伯纳接受了一个朋友的劝告，加入了一个名叫“考求者学会”的辩论会。

在当时来说，辩论会是一种很时髦的组织，其中，最著名的是伦敦辩证学会，专门探讨英国哲学家和经济学家约翰 · 斯图尔的论文《自由》的原理，这个团体主张男女平等。在1879年的时候，伦敦辩证学会已经是一个成立了许多年的组织了，而求考者则是一个成立较晚的辩证学会。

萧伯纳在朋友詹姆斯 · 莱基的劝说下，参加了考求者的一次会议，第一次参加这种会议的萧伯纳认为，自己不能缄默不语了，自己必须要发表自己的看法。于是，萧伯纳颤抖着双腿让自己站了起来，并且在可怜无助、胆怯不安的状态中完成了自己的第一次当众演说。当他讲完所有话坐在椅子上以后，他认为自己就像是一个十足的傻瓜，冒冒失失地站起来说了一些自己已经记不清楚的话，不行，以后一定不能这么冒失，至少是有所准备后才能在大庭广众下“现眼”！

由此，萧伯纳发誓以后一定要每个星期都当众演说一次，结果无非是两个，一个是不断地演说使自己完全掌握演说技艺，因而自己成为演说家；另一个结果是，自己还是十分害羞，一想到要在大庭广众之下演说，自己就会因为心脏受到重大打击而崩溃。

显然，结果是第一个。

萧伯纳遵守了自己的誓言，也加入了考求者学会，还加入了斯托普福特·布鲁特的辩证学会，也就是贝德福德学会，当他闯到这些在南区小教堂举行的会议时，就意味着他已经从小会议室中的演说升级到在公众大厅中发表演说了。

一时间，无论哪个地方举行公开讨论会，人们总能看到萧伯纳的名字，当时的伦敦，类似这种公开讨论会非常多，星期天的报纸上也会经常刊登整版的公告。

随后，对萧伯纳后来成为演说家起决定作用的人物詹姆斯·莱基又给萧伯纳介绍了一个重要人物——亚尔萨斯资深男低音歌唱家理查德·德克，此时的德克正在肯蒂许镇过着穷困的生活，他始终怀着革新世界和革新自己嗓子的梦想，革新嗓子的意思是德克想用“发声法”，对于萧伯纳来说，“发声法”已不是陌生的词汇了。他和这位老歌唱家很谈得来，并且听他用法语倾诉着自己的胸怀，德克虽然已经在伦敦生活了9年，可是，依然不会说英语。

萧伯纳从德克那里学到了三样东西：1.把头发向后直梳，像自己所有认识的讽刺画家所熟知的模样，而不再像是维多利亚中期的妇女；2.如何发法语的元音，而不发英语的双元音；3.如何在演说的时候发辅音以及加重辅音。

从这以后，萧伯纳即便是在最大的大厅中发言，也不用为听众听不懂或是听不清楚而发愁了。不仅如此，萧伯纳的发声愈发优美，甚至让听众享受到了欣赏歌剧时的美感。

为了练习演说，萧伯纳经常参加一些公共集会。有一天晚上，萧伯纳到法林顿餐厅，发现满满一屋子的观众着迷于一个美国演说家的演说。这个雄辩家不是别人，正是美国经济学家亨利·乔治。亨利·乔治的《进步与贫困》是当时最为畅销的图书。

乔治·亨利的这次演说使得萧伯纳在思想上发生了第一次重大转折，萧伯纳顿然醒悟，由维多利亚时代的“不可知论”向经济时代的共产主义剧烈转变。由此，他开始阅读《进步与贫困》，开始在社会民主同盟的会场上提倡土地国有化，这个时候，社会民主党嘲笑萧伯纳无知，并且劝他读一下马克思的著作。

萧伯纳真的拿起马克思的著作仔细地读起来。后来，他发现那些民主党人自己根本就没有读过马克思的著作，而马克思这位具有巨大魅力的人物对资产阶级文明的揭露使得萧伯纳奠定了反对资产阶级文明的基础，在萧伯纳对辩论有了充分的锻炼后，他随时可以充当主要发言人并能够即兴演说一小时。

机会总是留给有准备的人，当时，伍尔维奇激进俱乐部由一个苏格兰社会主义者控制，这个俱乐部邀请萧伯纳去做演讲，萧伯纳考虑了一番，接受了邀请。这次他演讲的题目是《盗贼》。演讲内容主要批判地主和资本家为盗贼，而无产阶级者们被盗贼钉在了十字架上。这天晚上的演讲，获得了巨大的成功。

在此以后的12年中，萧伯纳在讲台、教堂、广场、街角、码头以及几个志同道合的租的地下室或是能够挤满三四千听众的大厅里，不断宣讲社会主义学说。

久而久之，萧伯纳身上的最后一点轻微的羞涩和胆怯也被扫除光了。因此，他能够很自在地与不同阶级的人物接触，无论是主教还是内阁大臣，或是路边卖水果的小贩，抑或是码头上的工人，萧伯纳都能够安然地与他们接触。

每个星期的演讲早已被萧伯纳看做是必须做的事情，而且平均每两个星期演讲3次。需要说明的是，在萧伯纳多年的演说生涯中，也形成了和列宁一样的与听众谈话而不是向他们演讲的艺术。

12年中，萧伯纳大约做了1000次演讲，在每次演讲结束后，还回答听众所提出的问题。

在萧伯纳正想加入社会民主联盟时，偶然得到一本小册子，小册子题为《多数人为什么贫穷？》，这本小册子是费边社第一种出版物，萧伯纳由这本小册子中了解到了费边社。“费边社”这一名字让萧伯纳得到一种灵感，因为“费边社”具有博学、文化、大公无私的意义。于是，萧伯纳就参加了费边社，并且在奥斯那堡街的一所小房子里参加了一次会议，遇到了不同阶级的人，他还了解到他们轮流在各自的寓所中集会，而且费边社没有固定的捐款，全部的收入全年都到不了40英镑。

萧伯纳找到了可以进行演说活动的正式的、有意义的场合了。

因此，想要克服羞涩的萧伯纳变成了演说家，并且通过不断地演说表达着自己的各种立场，再也不是那个在大庭广众之下不敢说话的萧伯纳了。

3. 评论家萧伯纳

1879年到1883年这5年间，萧伯纳一共写了5部小说，在当时来说，没有一家出版社愿意出版他的小说，这造成了他在伦敦的落魄。当然，这5部小说在他写完的半个世纪后得到了出版，那时的萧伯纳已经是诺贝尔文学奖得主了。

在伦敦的落魄时期，这5部小说虽然没有得到出版，但是还算面世了，其中4部都被当时的社会主义者创办的杂志拿去刊登，以作填塞篇幅之用，后来还被盗版商翻印。对于这些，萧伯纳虽然采取置之不理的态度，但是心里还是极为不快的，当他看到自己的一些小说竟然在书店中出售而自己却完全不知情的时候，哭笑不得。

萧伯纳的这些经历能够证明，他的写作生涯在他从事评论工作之前，是完全失败的。

也就是说，萧伯纳的写作之路，是因评论开始起色的，事实上，他的写作生涯也是从写评论开始的，那就是他为《大黄蜂》做的为期不长的评论写作。

那时的萧伯纳浑身是刺，对伦敦音乐界充满了不屑与鄙夷，由于他的这份不屑和鄙夷，使得他失去了工作，也让《大黄蜂》走向了末路，更让萧伯纳陷入了极度落魄。

事实上，萧伯纳开始写小说时，也做过新闻记者，还从事新闻、美术、文学、音乐以及戏剧评论工作，萧伯纳敏捷的思维、锋利的笔触主要来自于评论撰稿经验，同时，评论撰稿也让他形成了自己独特的写作风格。

之前提到过，1879年至1883年萧伯纳的落魄，能够工作的萧伯纳不愿意做自己有能力做的工作，这就导致了他找不到工作。然而，在萧伯纳看来，自己必须找工作，他也在不断地为工作而奔走，他极力想找自己想要做的工作，显然，相比之下，评论工作最能符合萧伯纳的需求。

当时，《帕尔·马尔公报》的书评记者威廉·阿契尔在实在忙不过来的情况下将一本书交给了萧伯纳，《帕尔·马尔公报》的编辑当时对阿契尔的做法是极力反对的，阿契尔告诉编辑，自己太忙了，实在没有其他的办法了。萧伯纳如果听见阿契尔对编辑所言，肯定会很生气的。随后不久，萧伯纳以一篇有趣的书评博得了阿契尔以及编辑的信任，他们决定，让这个名不见经传的小子继续为《帕尔·马尔公报》写书评。

可以说，为《帕尔·马尔公报》写书评是萧伯纳的写作生涯甚至一生的转折点。如果说写书评千字42先令的稿酬让萧伯纳长时间的落魄生活有了转机，那么评论写作本身也为萧伯纳的写作之路铺下了坚实的基础。如果说萧伯纳在寻找自己想要做的工作的时候是软弱无力的，那么在机会来临的时候他却是坚强有力的。

没过多久，威廉·阿契尔又在萧伯纳的身后推了他一把。事实上，阿契尔不仅是《帕尔·马尔公报》的书评记者，还是《世界杂志》的剧评记者。在当时来说，剧评记者很是时髦，不仅能获得可观的稿费，重要的是还能够在剧作界掌握着一定的话语权，就如同当年萧伯纳为《大黄蜂》报写音乐评论而影响音乐会的上座率一样。当然，这里所说的不是阿契尔推荐萧伯纳写剧评，而是《世界杂志》的绘画评论记者去世，一时找不到合适的人选，阿契尔自己对绘画一窍不通，所以，他又推荐了精通绘画之道的萧伯纳。

凭借着萧伯纳对绘画的了解与喜爱，这份绘画评论工作自然很容易便获得了巨大的成功。这个时候，担任《世界杂志》绘画评论记者的萧伯纳的稿酬是每行5便士。

爱尔兰著名的新闻记者和民族主义领袖托马斯·鲍尔·奥康纳创办了一份叫做《明星报》的晚报，他的助理编辑马辛安把萧伯纳介绍给奥康纳，说萧伯纳是一个有着进步思想、有希望的青年新闻记者，马辛安的这些评价是因为萧伯纳在《世界杂志》撰写的出色的绘画评论中得出的。

事实上，托马斯·鲍尔·奥康纳的思想一直停留在1865年的水平，极为古板，所以他对萧伯纳的费边主义十分不满。他认为这种主张采取渐进措施对现有体制进行逐渐改革的想法太过疯狂，迟早会招来非议。因而，他想辞退这个不知天高地厚的年轻人，但是又害怕得罪马辛安，所以，只好先让这个叫做萧伯纳的年轻人在自己的报刊上发表着狂妄的看法。

萧伯纳对奥康纳的想法略有所知，便建议让他每周出一期音乐专栏，稿酬为42先令，如此一来，不容易涉及有关费边主义或者是现有体制方面的问题。对于这个建议，奥康纳十分赞成，于是，萧伯纳便开始用“科诺·迪·巴西托”作为笔名，在《明星报》的音乐专栏写起了文章。“科诺·迪·巴西托”是莫扎特在挽歌曲谱中提到的一种旧乐器的名称，旧乐器在当时是贵族音乐家的专利，从这个笔名中便可以看出萧伯纳对音乐的态度。

《明星报》音乐栏的文章很快便引来了读者的关注，他们认为这个名叫“巴西托”的人写的这些插科打诨的滑稽文章的确有些意思，非但如此，“巴西托”很快便有了自己的读者群，可以说，“巴西托”获得了成功，取得了成就，当然，这只是庸俗的成就。

两年之后，《世界杂志》的音乐评论记者与人发生了冲突，在不得已的情况下，弃职离开了英国，阿契尔立即找到《世界杂志》的主编，将萧伯纳推荐给他，并且还说萧伯纳最有资格继任《世界杂志》的音乐评论记者一职。因此，“巴西托”不见了踪影，“G.B.S”夺去了读者的眼球，萧伯纳每周的稿酬也从42先令涨到了5英镑。另外，萧伯纳还发现保守派的报纸似乎比激进派的报纸更容许作者的自由发挥，凭着这一发现，他再次获得了成功。

《世界杂志》的主编去世之后，萧伯纳便脱离了《世界杂志》，寻找不为了什么主义而担惊受怕的编辑，他还说：“我不要人家以我当枪靶，我自己也不想冒险到这种程度。但是我要找这样的编辑：他喜欢跑到近射程的地方，摇旗呐喊，好像他就在危险地带那样。那些他不敢跑近可闻枪声的地方的人，对我毫无用处，我的编辑必须懂得什么是好文章，而且在收到文章的时候不会害怕。”

很快，萧伯纳找到了佛兰克·赫里斯，佛兰克·赫里斯曾经请萧伯纳写过一篇论战性的文章投到了《双周评论》，当收到萧伯纳这篇用刻毒的论调向威廉·赫里尔·马洛克进行侧面进攻的文章时，佛兰克·赫里斯并没有感到惊惶，也没有畏缩。因此，萧伯纳认为，佛兰克·赫里斯是不会把好文章弄糟，也不会惧怕好文章的颇有胆量的编辑。

19世纪90年代初期，佛兰克·赫里斯将《星期六评论》买了下来，使得这份依靠过去的一点点声望才能得以维持的保守派周刊变成一份生气蓬勃的杂志。当时，作为音乐评论记者的萧伯纳在取材方面已经到了山穷水尽的地步，只能重复以前的论调，在他给佛兰克·赫里斯写了两篇评论之后，赫里斯请他为《星期六评论》撰写戏剧评论专栏。

对于这一请求，萧伯纳提出了两个条件，第一，《星期六评论》必须打破不署名和使用旧式的“我们”的传统习惯，让作者的稿件能够以第一人称写作，并且能够让他自己以别人已经很熟知的“G.B.S”署名。第二，每周的报酬必须是6英镑。这两个条件，佛兰克·赫里斯都表示同意。

萧伯纳在《星期六评论》戏剧评论专栏的出色表现没有让佛兰克·赫里斯失望，在这期间，萧伯纳取得了自己作为新闻记者的最高成就，当然，在《星期六评论》中的评论工作，是他在这个职业中的最后的正式工作。

在萧伯纳看来，波斯猫的闲逸以及伦敦马车的马儿劳动之间的差别，并不比剧评家每周职务上观剧和音乐评论家整日奔波之间的差异更大，在没有做戏剧评论记者之前，萧伯纳每天都要从下午3点的音乐会开幕的时候开始，一直到午夜歌剧闭幕后，然后再撰写评论，做绘画评论时也一样，整日忙个不停。

有一次，阿尔卑斯上的游客看见萧伯纳穿着一双厚底皮鞋，便问他是不是喜欢爬山，所以才穿着鞋底这么厚的皮鞋，萧伯纳回答说："不，这双鞋不是用来爬山的，而是在伦敦绘画美术馆的硬地板上走动的时候穿的，我正要去伦敦绘画美术馆呢！"

然而，在他做戏剧评论记者以后才发现不管是音乐评论工作还是绘画评论工作，都是那么的轻松省力，这个戏剧评论的差事实在是折磨人。

即便如此，在没有什么特殊原因的情况下，萧伯纳总能及时交稿，并且细心谨慎地修改校稿。佛兰克·赫里斯曾多次表达过自己对萧伯纳的钦佩。

由于萧伯纳的出现，使得伦敦戏剧界有了前所未有的尖锐评论，佛兰克·赫里斯以及众多编辑将萧伯纳的评论文章与当时德国著名的评论家和剧作家高特荷德·爱夫拉姆·莱辛相比较，大家普遍认为，萧伯纳的文章更胜一筹。

萧伯纳的评论与他说话的时候完全一样，与他后来的戏剧创作也完全一样，简朴中肯、直截了当、明白易懂。萧伯纳的文章中没有装腔作势，也没有矫揉造作，他的文章更像是说服他人，而不是劝说他人。其实，在他的朴实的文章中，蕴藏着大量的艺术，佛克兰·赫里斯认为，在萧伯纳的谈话中也能够找到艺术。因而，对于萧伯纳的文章，佛兰克·赫里斯基本不用更改，极少数的时候他会请求萧伯纳将文章压缩一下。而萧伯纳对于这些也是欣然接受的。

事实上，萧伯纳在《星期六评论》中的戏剧评论并不是一开始就被认可的，在刚开始的时候，有许多读者强烈反对萧伯纳的文章，还给佛兰克·赫里斯写信，表示要停止订阅他的杂志。显然，许多读者对萧伯纳所发表的社会主义观点是极力反对的，与此同时，还有成千上万的读者热切地等候着每期杂志的出版，他们迫不及待地想阅读萧伯纳的文章，他们认为，萧伯纳的文章与比他更为正统的作家的文章相比，更有吸引力。

在这期间，著名诗人、装饰艺术家威廉·莫里斯突然逝世，萧伯纳特意找到佛兰克·赫里斯，表示自己想以“社会主义者、散文家、演说家的莫里斯”为题写一篇特稿，赫里斯当即答应。因为，这个时候已经有两个作者分别写了莫里斯的诗歌文章和葬礼文章，赫里斯希望能够再次得到一篇好文章。交稿之后，赫里斯认为萧伯纳的这篇文章与写莫里斯的诗歌文章都很好，然而坎宁安·格雷厄姆写的有关莫里斯葬礼的文章堪称杰作，是一篇既克制又充满热烈情感的珍品，萧伯纳看了这篇文章之后，十分钦佩坎宁安·格雷厄姆。

佛兰克·赫里斯在聊到坎宁安·格雷厄姆的时候说：“真是一位天才的业余作家啊，只可惜，他并不依靠写作吃饭。”

萧伯纳却大声说：“这对我们是有好处的，如果他经常都能够写出这么好的文章，那么一定能把我们赶走，使我们失业。”

萧伯纳的这些话让佛兰克·赫里斯意识到，萧伯纳是一位现实主义者，这样一位在现实的潮流中生活的评论撰稿人，决心让别人对他做一番客观公正、实事求是的评价。与此同时，他也用同样不留情面的客观标准去评价其他一切的人，他的这种超越虚荣浮华或者拒绝自吹自擂的特性是现代科学精神的产物，也是他的一贯作风。

萧伯纳认为评论家是必须存在的，因为评论家促使人们思考，使人们激动，也使人们感到痛苦。正是萧伯纳对待评论认真严谨的态度，才使得他成为了社会公认的戏剧评论家，在音乐评论方面，他一样获得了成功，人们认为他的音乐评论颇为庄重。佛兰克·赫里斯认为，除了美国著名戏剧评论家乔治·琼·内森之外，没有一个戏剧评论家能够与萧伯纳相提并论。内森的评论在一些特殊问题上较为坦率，由于他在美国写文章的缘故，写作自由度相对宽松许多，所以内森的笔法轻快与萧伯纳的笔法轻快是完全不同的。

总而言之，在萧伯纳成为广为人知的评论家之前的50年中，在英国找不出一个比萧伯纳更具写作力量的评论家。

第三章　剧作家肖伯纳

1. 作为剧作家

1885年，还是在威廉·阿契尔的鼓励下，萧伯纳开始创作剧本，他的第一个剧本《鳏夫的房产》就这样问世了。

刚开始的时候，由阿契尔提供一段戏剧情节，让萧伯纳写对白。然而他们的合作并没有成功，阿契尔认为萧伯纳剧中对白很多，但情节过少，二人在戏剧创作上的观点大相径庭，因而取消了合作计划。萧伯纳因此也将未完成的剧本搁置了好几年，直到1892年才最终完成。也就是说，萧伯纳的第一部戏剧创作也并非很顺利。

在戏剧创作上，萧伯纳深受挪威卓越的戏剧家亨利·易卜生的现实主义戏剧的影响。1891年他发表了重要的论文《易卜生主义的精华》，对易卜生的戏剧进行了全面深入的分析和评价。

在这以前，萧伯纳曾和马克思的女儿爱琳娜共同参加社会主义者组织的演出活动，他们所演的就是易卜生的名剧《玩偶之家》，当时的萧伯纳对易卜生还没有什么深刻的认识。

后来他听了阿契尔讲的易卜生的《培尔·金特》。不久伦敦又公演了易卜生著名的《群鬼》一剧，从此他才深深地被易卜生所吸引，开始研究易卜生，捍卫易卜生。易卜生成了他心目中的现实主义艺术大师，萧伯纳后来就以他为榜样进行戏剧创作。

萧伯纳认为：观众对戏剧感兴趣的是真正生活的故事，行为的商讨，表现在谈话中的性格冲突，心灵的暴露，底蕴的揭穿，总括一句，就是生活的真正阐述。

然而，萧伯纳与易卜生在戏剧创作之间的差异也不小。易卜生的戏剧多半具有悲剧的性质，而萧伯纳则倾向于幽默和讽刺。

萧伯纳一直就是一个现实主义者，他不追求外貌逼真的戏剧场面，但却能深刻地揭露现实社会中的尖锐冲突。在他的大多数剧本里，问题的提出和解决不是在动作中，而是在人物的对白中。他驾驭语言的才能和幽默讽刺的特点充分显示出来。萧伯纳是擅长舞台对话的文学大师，发出似非而是的妙论是他惯用的手法。萧伯纳曾说："我开玩笑的方法就是讲真话。"

事实上，他在开玩笑的表面背后，深刻地揭露了社会生活中的矛盾冲突，并把它表现在似非而是的论调当中。不仅他的语言是似非而是的，他设计的戏剧场面也总是似非而是的。

在他的戏剧中，社会现实好像被倒转过来了一样：看起来最笨的人，实际上却聪明过人，看起来不过是一些罪犯或社会习俗和法律的叛逆者，实际上却比虚伪的道德家更善良。看起来不过是任人摆布的玩偶、小丑，而实际上却有着坚强的意志和独立的人格。

萧伯纳的第一部戏剧《鳏夫的房产》在杰克·格林的大力支持下搬上了舞台，并获得了极大的成功。在该剧中，萧伯纳指出："体面的中产阶级和贵族青年子弟，正如粪上苍蝇一般，靠剥削住在贫民窟的穷人而自肥。"

萧伯纳一针见血地揭示了当时的社会矛盾。接着，萧伯纳又写了好几个剧本，包括《好逑传》、《华伦夫人的职业》，这两部作品与《鳏夫的房产》一同收入了《不愉快的戏剧集》。《不愉快的戏剧集》使萧伯纳声名大振。此后他又接连发表剧作，成了远近闻名的高产剧作家。

萧伯纳戏剧创作以对资本主义社会现实的揭露和批判为主题，思想上受社会主义理论影响很深，写作手法上又师承易卜生。

《鳏夫的房产》叙述了贵族青年楚南奇与资本家的女儿布兰溪的恋爱故事，说出了贵族与资本家同是靠剥削穷人而生活的深刻道理。而在《华伦夫人的职业》中，他还指出，在资本主义条件下正直的劳动不可能保证妇女必需的生活资料，华伦夫人和她的姐姐丽慈一样，是靠开妓院才发了财，有钱供她的女儿薇薇上大学。当华伦夫人的女儿质问她为什么要干那种行当的时候，剧情发展到高潮，矛盾集中体现出来。剧本辛辣地讽刺了资本主义社会里人与人之间的冷酷的赤裸裸的金钱交易。资产阶级以文明、高尚、体面为假面具，来掩盖阶级社会中的荒淫、腐朽和罪恶。《华伦夫人的职业》是萧伯纳早期创作中的一部杰作，但却遭到英国掌管审查戏剧的宫廷大臣的扼杀而被禁演。此剧本虽在1898年得以出版，但却直到1902年才在纽约上演，而在英国直到1924年才取消禁令。至于《不愉快的戏剧集》中的另一部《好逑传》反映了关于易卜生主义、婚姻问题以及“新女性”问题的争论。但这个剧本就其内容的尖锐性、思想的深刻性而论，比《鳏夫的房产》和《华伦夫人的职业》都大为逊色。

接下来，萧伯纳又发表了《愉快的戏剧集》，其中包括《康蒂坦》、《武器与武士》、《风云人物》、《难于预料》4部作品，它们的问世进一步巩固了萧伯纳在世界文坛上不可动摇的地位。在喜剧《武器与武士》中，他以机智幽默的对白，辛辣地讽刺了资产阶级对战争、爱情、民族主义、财富和社会地位的浪漫主义幻想。在这个剧本中，萧伯纳第一次显示了创作喜剧的天赋。而《康蒂坦》是萧伯纳在西方最受欢迎的喜剧之一。它标志着他的艺术才能已经到了炉火纯青的地步。在英国各地公演后，反响强烈。后来又在美国、法国、比利时等国家上演，经久不衰。作者将康蒂坦塑造成为一个感情真挚、热情，道德高尚，关键时刻能掌握自己命运的善良女性。这一人物塑造得相当成功。

萧伯纳虽然以戏剧创作为职业，但他的戏剧多数是为客观需要而写的应急之作，很少是纯粹以写作为目的，受内心的驱使而完成的。尤其在他一系列的剧本获得成功之后，萧伯纳成了众目关注的知名人物，这样就有更多的人向他约稿。一些曾演过他的戏剧的演员与他的关系越来越密切，他也为这些演员特意创作了几部作品。

现在萧伯纳既要忙于费边社的集会和演讲活动，为费边杜撰写大量文章，又要不断地进行戏剧创作以满足朋友的需要、演员的需要或观众的需要。从此后，他才真正成为一位名副其实的戏剧家、评论家、小说家和社会演说家。

众所周知，20世纪80年代的时候，30岁的萧伯纳在文坛上还是默默无闻的。1892年发表了第一个剧本《鳏夫的房产》，推动了英国戏剧一改从前那种只依靠情节的精巧安排和醒目的动作来吸引观众兴趣的传统，进而使戏剧创作走上了革新的道路。

从那以后，19世纪的最后8年中，萧伯纳创作了10个剧本，除了《不愉快的戏剧集》和《愉快的戏剧集》外，还有《为清教徒写的三个戏剧》。《为清教徒写的三个戏剧》包括《魔鬼的门徒》、《凯撒和克莉奥佩特拉》和《布拉斯庞德上尉的转变》。

在《为清教徒写的三个戏剧》的序言里，萧伯纳抨击了当时英国戏剧界的颓废主义和自然主义的倾向，倡导正直的艺术，反对庸俗颓废的艺术。在《魔鬼的门徒》和《凯撒和克莉奥佩特拉》中，他就采用历史的题材来影射当时的现实，一方面揭露和批判丑恶与罪行，另一方面歌颂自由与崇高。

《魔鬼的门徒》是以美国独立战争为背景展开全剧故事情节的，该剧在揭露和鞭挞英国统治者残酷的殖民统治的同时，颂扬了“魔鬼的门徒”理查德热爱自由、勇于献身的英雄气概，与自诩为纯洁、高尚而实际上自私虚伪的清教徒特琴太太形成鲜明的对照。在这里，萧伯纳又设计了一个颠倒的场面，令人深思，意味深长。

而《凯撒和克莉奥佩特拉》是作为对莎士比亚历史剧创作方法的对抗而写出的。莎士比亚曾写过《安东尼与克莉奥佩特拉》，萧伯纳写这个剧本是想表明自己“胜过莎士比亚”，要用现实主义代替莎翁的浪漫主义。萧伯纳的拥护者说他是莎士比亚以后最伟大的戏剧家，他自己却说：“我不能保证自己是当代最伟大的‘贩卖惹人欢笑或落泪的情节的商人’，但肯定是最优秀的十个之一。”

在《凯撒和克莉奥佩特拉》中，萧伯纳将凯撒与英国的政治家们加以对比，把他描绘成一个冷静的“现实主义者”，他英明地、坚决地为着实现目标而行动起来。

萧伯纳在20世纪以前创作的10部剧本，收在三个戏剧集中。这段经历可以划到他戏剧创作的第一时期。据有关的专家分析，萧伯纳这一时期的作品中，《鳏夫的房产》和《华伦夫人的职业》是以揭露资本主义丑陋和罪恶的本质为主题，而其余的戏剧主要是将当时流行的戏剧模式加以颠倒再加进新的思想内容。比如说，《魔鬼的门徒》是把维多利亚时代的情节剧加以颠倒，《风云人物》和《凯撒和克莉奥佩特拉》是把音乐喜剧加以颠倒，而《难于预料》是把笑剧加以颠倒。

第一时期的戏剧创作中，萧伯纳就已经形成自己独特鲜明的风格和特点，一直体现在他后来的创作中。除了前面提到过的发出似非而是的妙论、设计不合“常理”的颠倒场面、善于描写人物对白但并不重视情节的精心安排等特点之外，在萧伯纳的剧本中，还有一个共同之处：他提出了各种社会现实问题，却没有把读者和观众引向一定的结论。他的剧本结局并不包括最后的道德教训，而往往只是提出问题。正如一位英国的评论家所说的：“他以巨大的力量和敏锐的观察力，以翱翔于悲剧之上的诙谐的灵感，暴露了现代社会的一切矛盾。他的剧本被称为‘仅仅是’谈话、讨论、辩论的剧本。他以英语作家中无可比拟的热情去揭露资本主义社会的罪恶。他在光荣的孤立中只身作战，与群众运动没有接触，对群众缺乏信心，因此他只是一个孤独的宣道者，一个偶像的破坏者，一个异教徒。他一边孤军作战，一边不得不妥协，萧伯纳总是有最后结论的。革命的诊断和分析并没有导致最后的结论，因为唯一的结论应该是行动，群众的行动。而萧伯纳对此始终加以排斥，认为这是不可能的，他的高超的革命分析乃以不中用的、无力的费边式的结论而告终。”

这段评价是精辟透彻的。对此，萧伯纳的好友佛兰克·赫里斯也曾说起过，他以《鳏夫的房产》为例，认为该剧中贵族青年起初因对方是靠剥削穷人过活的资本家的女儿而欲与其断绝关系，但在发现自己的收入也是压榨穷人的血汗而得来的时候，他就委曲求全，屈服于“不能避免的命运”而与那位小姐结婚了。赫里斯认为，萧伯纳在剧本里提出这个问题是毫无意义的，除非他能给这个局面找出一个解决的办法。萧伯纳也的确想找出一个解决贫民窟问题的办法。他一直在努力地找，但是他的努力似乎没有取得多大的成绩。而且赫里斯觉得萧伯纳之所以佩服墨索里尼，就是因为萧伯纳认为这个法西斯首脑似乎能改造整个国家，以迎合他的古怪嗜好，而萧伯纳自己只能空发议论，一无所成，在剧本中也只给人一种前途黯淡的感觉。

尽管萧伯纳的戏剧中有不足之处，但是这却不能掩盖和抹杀他戏剧的伟大与不朽。他使19世纪濒于衰亡的英国戏剧恢复了青春活力。他提出的一些重大的社会问题，直到今天仍有深刻的现实意义。至于他的戏剧在文学史上的重大意义，更是不言而喻的。

2. 剧作家的高产

早在20世纪以前，萧伯纳就已经写出了好几部著名的剧作。在《不愉快的戏剧集》之中，《鳏夫的房产》和《华伦夫人的职业》至今仍久盛不衰。《愉快的戏剧集》中，《武器与武士》是英国戏剧史上最好的喜剧之一，而《康蒂坦》在戏院里一直叫座，是最受西方人欢迎的一部喜剧，《风云人物》亦有其独特的吸引力，《难于预料》同样是出色之作。在《为清教徒写的三个戏剧》之中又有两个成功的历史剧：一个是以美国独立战争为背景来展开故事情节的《魔鬼的门徒》，另一个就是戏剧史上有名的《凯撒和克莉奥佩特拉》，它后来还被拍摄成电影，观众数量越来越多，影响面越来越大。

这些杰出的剧作使萧伯纳在19世纪末就已在文坛上大获成功，它们是可以使任何剧作家为之骄傲的作品，足以为任何剧作家在文学史上赢得一席之地。但这对萧伯纳来说，才刚刚开始他的剧作家生涯，此后他一直以极高的热情和旺盛的生命力不断地推出新作。

20世纪伊始，萧伯纳又有一系列作品问世，其中不少是给读者和观众留下深刻印象、极受欢迎的剧本，有利用唐璜的传说而写成的《人与超人》，有根据爱尔兰问题来揭露和剖析大英帝国的《英国佬的另一个岛》，还有描写无耻之徒“军火大王”安德谢夫的升官发财史的动人心魄的《巴巴拉少校》，以艺术家的命运为主要内容的《医生的困境》，以处理宗教问题为主旨的《安乔克里斯与狮子》，以及情节有趣、令人深思、回味深长的《匹克梅梁》。

这些成功之作表明萧伯纳的创作水准在不断地提高。他总是在不断超越自己已有的成就，视野逐渐扩大，对于某些社会问题的见解日益深入，洞察力和分析能力显著提高。而且他才思敏捷，大胆创新，在戏剧艺术上进行了多方面的探索，勇于突破传统，将唐璜打入地狱，将军火商的资本主义世界搬上了舞台，让狮子随着使徒一同跳舞，叫蚱蜢向老人诉苦申冤，让一个贫苦的卖花姑娘学习了6个月的标准发音之后就变成了大使馆游园会上的绝色公主等等。这些不仅表明了作者自己的社会思想及价值取向，而且也显示了他在戏剧创新上的成就。英国戏剧在他的指引下，确实进入了一个新天地。他使奄奄一息、苟延残喘的戏剧舞台恢复了青春活力。

第一次世界大战爆发以前，萧伯纳作为一个高产的剧作家，除了以上提到过的名著外，他还写了《可敬的巴什维尔》、《她怎样对她的丈夫说谎》、《热情、毒药与硬心》、《结婚》、《布兰科·波斯内特的出现》、《剪报》、《迷人的弃儿》、《现实一瞥》、《十四行诗中的深肤色的女子》、《错姻缘》、《范妮的第一剧》、《威压》、《凯瑟琳女皇》、《音乐治疗》等多部剧本。

19世纪末20世纪初，英帝国变本加厉地进行侵略和殖民统治。与此同时，英国进步知识分子反对英国政府侵略政策的呼声不断高涨。在这样的形势下，萧伯纳并没有像从前那样无情地揭露和批评殖民者的无耻行径，表达其人道主义的思想，反而对侵略战争抱着调和的态度，并机械地把生物学的规律搬来解释人类历史的发展。他希望自己此时能写一部内容丰富的作品，在作品中充分表现他的哲学观点、政治观点和社会观点，然而他没有看到能够解决帝国主义时代各种矛盾的现实力量，而去转身求助个人主义的哲学，在生物学中寻求解决社会问题的办法。1903年，他发表了《人与超人》一剧，体现出他用“生命力”的哲学观点来补充“点滴改良”的理论。在他看来，自然界是在神秘的“生命力的影响下发展起来的”。

在《人与超人》一剧里，萧伯纳仍然保持其现实主义传统批判、揭露社会问题，但他已经觉察到自己在费边分子影响下形成的改良主义幻想根本于事无补，所以又提出了唯心主义的“生命力”理论。剧中主人公邓纳尔扮演揭露资产阶级虚伪道义的角色，在他的奇谈怪论里隐藏着点滴的真理。邓纳尔在回答曼多查承认自己是个强盗并以抢劫富人为生时大胆声称：“我是绅士，我是绅士，我以抢劫穷人为生。”在这绅士与强盗的谈话中，深刻揭露了表面现象掩盖下的本质，道出了资本家无情剥削工人，富人剥削穷人的真理。在这里，萧伯纳又一次显示了他批判现实的本领，他把这部《人与超人》称为“包含着哲理的喜剧”。

《人与超人》的故事情节是围绕着富家女子安娜追求她的未婚夫邓纳尔这一主题而展开的。邓纳尔本来要摆脱安娜的追求，但是他却遇到了匪徒，最后终于成为顽强的追求者安娜的牺牲品。在安娜身上集中体现了作者所要强调的“生命力”。在这部闻名世界的巨著中，包含着晦涩难懂的成分，因为其中不仅反映了作者反科学的哲学思想，而且还夹杂着他先前就有的神秘主义和改良主义的倾向。萧伯纳在此剧之后还带了一个附录，题名为《革命家手册和袖珍指南》，还附有“警句”，尽是些五花八门的箴言，由各种谚语和妙论组成，用来揭露帝国主义和资产阶级的掠夺、虚伪的本质。由它的名称可以看出，作者加这个附录是要为人们的行动提供指南，不至堕入迷途，尽管这里的观点与他的革命理论没有丝毫的关系。

在1904年出版的《英国佬的另一个岛》一剧中同样流露出萧伯纳视革命群众为群氓，崇拜超人的思想倾向。该剧揭露了英国资产阶级对爱尔兰人民施以欺骗和掠夺的手段来进行其残暴统治，以辛辣的讽刺语调批判了野心勃勃、利欲熏心的英国佬对被压迫的爱尔兰采取的“一面打人耳光，一面布施小惠”的政策。主人公博饶本虽然自命为“自由主义者”，实际上，他却是一个野心勃勃，唯利是图，为达到目的不惜任何手段的家伙。在他看来，最重要的是生意，一切感情都可以抛在一旁，但如果感情可被利用来为生意服务，他当然也不惜付出。他把所有的注意力都集中在了他必须极力予以保护的邻岛——爱尔兰上了。

萧伯纳对这一剧本做了成功的结构设计，诙谐幽默的场面和忧郁抒情的情境相互交替出现。作者运用他丰富的俏皮的聪明才智描写“格莱斯顿式”的英国佬在议员选举之前要尽各种把戏来欺骗爱尔兰人的罪恶事实。观众可以看到，英国佬博饶本采取格莱斯顿所实施的“皮鞭与甜饼干”的政策，对群众开各种空头支票，甚至不惜宣称自己即将与爱尔兰人结婚。

总之，他用尽各种各样狡诈与伪装的方式打败自己的对手而获得了议员的席位。与这个狡猾凶狠的市侩形成鲜明对照的是孤独的克干。克干浪漫地爱着自己贫穷而且充满不幸的国家，大胆地责备博饶本的虚伪，并指出博饶本之所以会成为议员是由于他谎言惑众，欺骗人民，并以贿赂手段拉选票。

克干是一个脱离现实的幻想家，他梦想着一个“生活合乎人情”的世界，但他却找不到实现这一梦想的道路。克干这一人物形象贯穿整个剧本，给剧本带来了富有诗意的忧郁，悲伤、绝望和不合实际的空想成分。剧终时克干带着忧郁与沉思登上了小丘，他的影子渐渐地远去、消失了；而那个幸运的市侩博饶本则正在邀请他的爱尔兰女伴选择他们的美丽新居。

从萧伯纳所写的剧本中，我们可以看出他思想观点的某些侧面。他虽然生于具有光荣的民族解放斗争传统的爱尔兰，但却看不到民族解放运动的力量，而只是像剧中人物克干一样，“仿佛是要在落日的余晖中寻找通向天堂的大道”，幸好他还对未来抱有希望，相信“末日无论如何会到来的”，“总会有一个时候，人们之所以赏识爱尔兰不是由于它的矿藏丰富，而是由于它的儿女品质优良，我们等着瞧吧！”

由此可见，《英国佬的另一岛》这部为爱尔兰民族剧院所创作的作品，在戏剧创作水平上达到了很高的标准，无论是人物塑造，还是结构安排，都有作者独具匠心之处，是戏剧史上不可多得的佳作。但萧伯纳的批判现实主义精神和社会政治思想却并没有随着他的文学创作水平的日臻完善而提高，这不免是令人遗憾之处。

1905年，萧伯纳又推出了一部出色的作品《巴巴拉少校》。剧中的主人公安德谢夫是一个厚颜无耻、贪得无厌、坚信金钱万能的军火商。他之所以能够飞黄腾达、升官发财，就是由于他不择手段，以“寡廉鲜耻”作为人生格言。他害怕革命，在革命的力量面前他就不由得发抖，因此他收买救世军，收买工人中的上层分子，使他们成为保守主义者。萧伯纳又一次发挥了他讽刺挖苦的特长，生动地刻画出安德谢夫这一“死亡工厂”厂主衣冠楚楚的外表下所掩盖的贪婪无耻的丑恶嘴脸。在这位军火商的影响下，他的女儿“灵魂救主”巴巴拉少校也逐渐失去了自己的幻想，相信她的父亲支持救世军。而她的情人柯森斯也从过去批评军火大王转而妥协，成为安德谢夫的伙伴和“死亡工厂”的继承人，尽管他仍然坚持自己已经拟定的计划，支援应该掌握政权的人民，但人民究竟通过什么途径来掌握政权，谁也不清楚。

萧伯纳虽然自称是一个革命作家，他也确实公开表示对现存的资本主义制度的不满，但他对革命的理解却存在着很大的局限性，几乎看不见工人阶级在历史上的积极作用。他所描写的工人首先是饱受生活压迫的、让救世军收容的那些人。萧伯纳虽然深深地感觉到并无情揭露了社会矛盾，但他却没有提供解决问题的办法，没有指出革命的道路。这与他的朋友佛兰克·赫里斯在分析他的第一个剧本《鳏夫的房产》时所指出的缺陷是一样的。萧伯纳创作的所有剧本中，几乎都有这个不足之处。萧伯纳所站的立场就决定了他只能是一面揭露资本主义的现实社会，一面却徒劳无益地企图用和平方法来改良资本主义。萧伯纳仍然是一个典型的费边主义者，他的答案总是妥协的、不了了之的。

《布兰科·波斯内特的出现》一剧是萧伯纳1909年创作的。萧伯纳试图吸取托尔斯泰的创作经验，采取他深入理解人民生活本质与特点的方法来创造现实的人民的戏剧。此剧故事饶有风趣，主人公布兰科·波斯内特是一个大胆的渎神者，一针见血地揭示出伪善的社会道德准则。他说："每逢星期天都有人给我们宣传基督教，但是如果涉及具体的事情时，就教我们以牙还牙。"这一敢于冲破传统的惊人之语，波斯内特自己却认为是发自内心的"良心话"。在他们这类"不堪救药"、被唾弃的人群中，却不乏真正的人道主义的行为举动。萧伯纳自己曾把这个剧本称为"粗劣的歌剧形式的说教"，事实上，这个剧本是对英国无耻伪善的守财奴社会的判决。

1912年，萧伯纳的又一部杰作《匹克梅梁》脱稿了。这是一部"五幕长诗"的传奇剧，题材有趣且意味深长。剧情是从语言学实验家赫金斯向卖花女伊莉莎·牡里特尔传授上流社会的语言而展开的。赫金斯发现普谭少女伊莉莎非常有天赋，她听觉敏锐，能够很快地接受和吸收文化教育，而且大大地超过了那些自以为是的社会精华的上流人物。萧伯纳还设计了这样一些人作为讽刺嘲笑的对象，他们害怕自己被认为是已经陈腐过时的老古董，所以争先恐后地像赶时髦一样拼命模仿出身卑微的、并不真正善于言辞的伊莉莎·杜里特尔社交谈吐的"新风格"。

这部剧在舞台结构上有不少奇异、风趣的地方，而且萧伯纳在创意上打破了传统沙龙喜剧的规矩，发展了意义深长的社会题材。

在上层社会与下层人物语言的冲突中，在广泛应用民间的幽默中，表现了萧伯纳作为讽刺作家与喜剧作家的独到而有力的一面。语言学家赫金斯虽然深信他造就了伊莉莎，事实上他也从伊莉莎身上领悟到某些人生哲理。全剧始终贯穿着人道主义，确信精神的纯洁和普通人民的优良品质，这是一个很现实的社会问题，《匹克梅梁》成了萧伯纳所写的喜剧中最优秀的作品之一，上演时也极为叫座。1913年，它首先在维也纳和柏林公演，到1914年又在伦敦演出。世界各地至今还有剧场在上演这个剧本，并且在1938年和1956年分别有根据这一剧本改编的电影和歌剧与观众见面，可见其受欢迎的程度，而且它经得起时间的考验，成了戏剧史上的经典之作。

《人与超人》，《英国佬的另一个岛》、《巴巴拉少校》、《匹克梅梁》等剧本只是萧伯纳在20世纪初创作中的成功之作。他在这一时期的作品还远不止这些,《医生的困境》、《安乔克里斯与狮子》、《布兰科·波斯内特的出现》等也都是看后会给观众留下深刻印象、让人回味深长的作品。从1899年到1914年第一次世界大战爆发前夕的十几年时间里，萧伯纳共写了20个剧本。这是他继19世纪90年代的创作高峰期之后的又一个高产时期，好戏连台，佳作不断问世。

之前提到过，萧伯纳刚开始戏剧创作时，是一个可以自由行动的作家，他本想与威廉·阿契尔合作写剧本，由阿契尔提供戏剧情节，萧伯纳来写对白。但由于二人观点很不一致，于是很快取消了合作计划，刚写完两幕的剧本一搁就是许多年，后来在英国独立剧团的创办人杰克·格林的推动下才写出了该剧本的第三幕。这段时间内，萧伯纳抓紧时间搞了几个剧本演出，有时候学做戏剧演出者。杰克·格林竭尽自己的经济能力让萧伯纳的第一个剧本《鳏夫的房产》演出两场，结果使初涉戏剧领域的萧伯纳很受鼓励，促使他接二连三地推出新作。他的剧本演出后总是能引起轰动，成为人们热烈讨论的话题。萧伯纳自己曾经说："每次失败都使我的声誉大增。"他此时的全部产量是10个戏剧，分别编成《不愉快的戏剧集》、《愉快的戏剧集》和《为清教徒写的三个戏剧》。

萧伯纳和独立剧团及其领导人格林的关系，就像左拉和巴黎的自由剧院及其领导人安图昂的关系一样，是彼此分不开的。但是他们二人的合作，引起了英国传统剧院和资产阶级评论家对萧伯纳的猛烈攻击，并拒绝上演他的剧本。《鳏夫的房产》这部揭露性的革新作品就被理解为带有煽动性而受到严厉抨击。这部剧本起先在伦敦还不大为人所知，35年后才以一个新鲜的剧名《租金》在柏林上演，获得了首次巨大的成功。而事实上，在19世纪90年代初，格林领导的独立剧团刚建立的时候，戏院上演的多半是外国剧作家的作品。

正如萧伯纳所说："寻找本国优秀戏剧作品是如此无奈。直到1892年秋天，剧院还没有上演过任何一个英国作家的，哪怕是稍稍出名的原作。在民族情感受到如此屈辱的紧急关头，我向格林建议，大胆宣布上演我所写的剧本。格林是一个有事业心的血性汉子，就毫不踌躇地这样做了。"由此看来，正是屡遭攻击的萧伯纳和格林使英国的戏剧危机得到挽救。

在萧伯纳戏剧创作的第二段时期，即20世纪初期，他与格兰维尔·巴克合作，同时开展考特剧院的戏剧运动。考特剧院在魏突林·巴克经营的时期，是一个定期换演剧目的剧院。它具有演出的预先宣布期限的传统惯例，因此剧院的营业既不能飞黄腾达，也不至于一蹶不振。但剧院却拥有一批优秀的著名演员。轮到格兰维尔·巴克时，他与萧伯纳合作，一方面以原班人马为核心，一方面又根据盈利的需要，临时请一些杰出的人才合作，掀起了英国戏剧的复兴运动，并一直持续到第一次世界大战爆发，大约为期10年。

在这一时期，萧伯纳拼命拉拢当时的小说家参加这个运动，有时候他还以演出他的剧本作为条件，要求剧院能够上演剧坛新秀创作的剧本。萧伯纳为这个戏剧运动花了不少的心血，既花费了大量时间，又消耗了很多钱财。他还曾力劝许多作家创作剧本，不惜付出重大代价，但许多时候他得到的回报却实在让人沮丧。难怪佛兰克·赫里斯曾这样说："在考特剧院运动开始时，萧伯纳在戏剧界被列为同道剧院一个赚不到钱的局外人。在运动的最后阶段，他被推崇为英国最重要的戏剧家。萧伯纳的拥护者说他是莎士比亚以后最伟大的戏剧家。"

萧伯纳和巴克两个人合作创造了戏剧界的历史，使他们成了戏剧界最受瞩目的大人物，在伦敦占据了稳固的地位。两个人的合作分别促进了各自事业的发展，作为戏剧家的萧伯纳不断推出新作，使自己的创作才能日趋完善，而巴克在戏剧运动的最后阶段，不但成了著名的演员、莎士比亚戏剧的重要演出者，而且还是一个可以与萧伯纳竞争的剧作家。然而，在第一次世界大战爆发时，巴克去了纽约，不久便要与美国社交界的一个女富豪结婚，到第一次世界大战结束时，他们定居在英国。格兰维尔·巴克也就回到家庭中过起了悠闲的日子，开始给莎士比亚的作品写评注，翻译西班牙的戏剧。就这样，两个人的合作关系就因为格兰维尔·巴克的第二次婚姻而宣告结束。

事实上，萧伯纳并不是一个愿意冒险投资剧院或公共娱乐事业的实干家。他之所以能够取得成功，据佛兰克·赫里斯分析，是“由于附庸于一些冒险投资的、有胆略的企业家而得到的。”对此，赫里斯更具体地说：“我不能不承认他在挑选人才方面手段颇为高明。在新闻事业方面，他挑选了我，而且使我相信是我挑选了他：你看他聪明不聪明？在他的费边社的活动方面，他挑选了锡尼·韦布。锡尼·比亚特丽斯·韦布‘公司’的确是一项非常可靠的政治投资在戏剧运动方面，他挑选哈利·格兰维尔·巴克，这个人不久和丽拉·麦卡锡结婚，从而使她也参加戏剧运动。”

就在巴克与丽拉·麦卡锡离婚，又与美国女富豪结合之后，萧伯纳失去了合作的伙伴。这时，正像他在结束与赫里斯合伙，而要与格兰维尔·巴克合伙的过渡期内完成《人与超人》一部大戏剧，以宣传他的“生命力”的创造进化论一样，在解除了与考特剧院的合作关系而没有找到新的合伙人的过渡时期内，萧伯纳又写了一出《千岁人》和著名的《伤心之家》。进行这两部剧本的创作时，萧伯纳还没有找到合适的合作伙伴，尽管在票房收入极高的《匹克梅梁》一剧上演之后，他获得了同伦敦西区商业化的时髦剧院建立短期联系的机会，然而萧伯纳认为没有必要向这方面发展，于是放弃了机会。

就在魏突林与巴克的公司因经营计划失败而宣告破产，决定变卖所有的产业的时候，萧伯纳也退还了大部分版税，来帮助公司渡过财政难关。等公司的债务还清之后，便关门大吉。就在这时，一个外省人也在经营剧院，并且从经营巡回演出剧团进而发展到建造伯明翰剧院，定期换演剧本，事业正飞黄腾达。在他的剧院演出了萧伯纳1916年创作的《伤心之家》一剧后，获得了极大的成功。因此，这位名叫巴里·杰克逊的外省富翁便向萧伯纳提出建议，要上演《千岁人》一剧。

起初，这位巴里·杰克逊的举动使萧伯纳很吃惊，但当萧伯纳得知杰克逊喜欢投资剧院，并愿意承担全部责任之后，他们之间便建立了合作关系。萧伯纳找到了新的伙伴，并且这种关系持续了很久，这使他们的事业在伦敦打下了坚实的基础，后来还创办了“莫尔文戏剧节”，主要演出萧伯纳的戏剧。

《伤心之家》是萧伯纳花了3年多时间，到1916年才完成的一部剧作，是萧伯纳最优秀的最富有诗意的剧本之一，被认为是他的代表作。这部剧本证明了萧伯纳在不断创作中逐渐加深了反映日常生活需求的批判现实主义成分。在序言中，他提出要向天才的列夫·托尔斯泰求教，向伟大的戏剧诗人和人道主义者契诃夫求教。他开始受到俄国文学批判现实主义传统的影响，在自己创作中的批判程度日益加深。他还给这个剧本加了一个副标题：“俄国风格英国主题的狂想曲。”

《伤心之家》是在第一次世界大战爆发前夕开始酝酿，在战争中完稿的。剧中所描写的肖特非船长一家的混乱和胡闹，是“大战前夕文明而懒散的整个欧洲”的真实写照。剧中真实的情况和奇异的、荒诞无稽的虚构交织在一起，成功地描写出英国资产阶级与知识分子中一些人的窘迫、狼狈的状态。

剧中人物都满怀忧虑，看不出生活的冷酷无情。他们恬不知耻，暴露了自己卑鄙、可耻的行为后还洋洋得意、沾沾自喜。“伤心之家”是“无依无靠的家、是伤心落泪的家”，剧中没有一个人知道什么是幸福，他们只是“一群伤透了心的笨蛋”，一切都摇摆不定，仿佛堕入充满瘴气的沼泽一样。

《伤心之家》成功地描写了战前整个英国的面貌，表明了资本主义制度的深刻危机和不可逃避的历史惩罚，深刻地指出了建立在压迫、谎言与欺骗基础上的现实世界的荒谬与恐怖，预示了那条不知去向的“船”、那个人们心灵的牢狱，时刻都有撞得粉碎的可能。剧中的船主肖特非显而易见是一个脾气古怪的老头儿，他是一个正面人物，是那个罪恶世界即将毁灭的预兆，他已预感到革命即将到来。而曼根是个把自己的安乐建立在他人痛苦之上的企业主，他也预感到自己不可避免的必然结局。船主肖特非直截了当地表达了自己对那些“把宇宙当做赡养所”的市侩的憎恨，并以极其尖锐的语调责备贪婪凶狠的守财奴曼根。

剧本最后一幕是在空袭的时候，“两个强盗”一起躲在肖特非船主堆放火药的地洞里，他们就是剧中主人公曼根和一个流氓骗子，但炸弹恰好就落在地洞的上面，炸死了他们两个人。从这两个强盗的下场中，可以看出作者的立场。他预言：战争之后并不是平静，而是更强烈的爆炸，最后将使“伤心之家”归于毁灭。

《伤心之家》一剧剧本结构复杂，愤怒的讽刺与抒情的诗意相结合，表现出作者构思的巧妙与驾驭语言文字能力的高明。可以看出，萧伯纳确实是描写主人公命运、行为与思想的突然转变的能手。肖特非在剧中作用很大，他的怪癖与偏执，他的突然而反常地带着忧郁的温存，成了否定疯狂罪恶的强盗世界的一般秩序的有力方式。萧伯纳借肖特非之口来讽刺现实世界的毫无意义的客套和利己主义者的贪得无厌、冷酷无情。总之，《伤心之家》集中表现了帝国主义大战引起的社会总危机日益尖锐和资产阶级知识分子的无比惊恐，无愧为萧伯纳创作成熟时期的优秀作品。

第一次世界大战的发生并没有使萧伯纳停止创作，继《伤心之家》后，他又写了《吉达的赎罪》和“变形生物学五部曲”《千岁人》。《千岁人》是1921年创作完成的，剧中把《人与超人》中表现出的巴特勒和柏格森的创造进化论思想更充分深入地反映在观众面前。他在创作这个剧本时，没有与别人合作，没有抱商业上的目的，完全是为了写作才完成的。而在大战期间，萧伯纳还写了《获得维多利亚十字勋章的奥弗莱厄蒂》、《布尔什维克女王安娜扬斯卡》等短剧，这些剧本比起后来的《伤心之家》、《千岁人》以及20年代以后写的《圣女贞德》、《苹果车》等优秀剧本，并不十分精彩，给观众的印象并不深刻。

3. 萧伯纳戏剧中的女性

萧伯纳戏剧中除了《康蒂妲》中的康蒂妲以及《布拉斯庞德上尉的转变》中的西塞莉夫人这两个角色之外，基本上都是不愉快的，从《鳏夫的房产》的女主人公白朗琪到《华伦夫人的职业》中的薇薇·华伦，都是不愉快、几乎失去了妇女特性的女性形象，这些女人的思想以及肉体都是冰冷无情的，面对男人的追求，她们的无情与冷酷令人发指，在《人与超人》中的安·怀德菲尔德在追求男性的时候，表现极为呆板。

在当时来说，对于这种女性是否存在，或者说萧伯纳是否相信她们确实存在的问题，戏剧界以及评论家争执了许久。萧伯纳笔下的女性与大多数人少年时代所爱慕的喜欢罗曼蒂克的、神魂颠倒的、喜欢整日抱着爱情小说哭哭啼啼的少女形象完全不符。这也是他塑造出的女性形象引发争议的主要原因。

当然，在萧伯纳的影响下，许多人开始信奉萧伯纳的信条，他们逐渐认为崇高的女性的确应该像萧伯纳戏剧中的女性这样：她们有独立的经济能力，在情感上，她们努力摆脱男性的束缚，同时，母亲对她们的影响并未消除。然而，这些萧伯纳信条的信奉者在现实生活中寻觅了许久，也没有找到自己认定的崇高的女性。

虽然萧伯纳从易卜生的作品中学会了许多东西，然而他的戏剧中的妇女与易卜生作品中的有人情味的女性形象还是有区别的，比如说，《玩偶之家》中的娜拉虽然是一个“新”女性，她有着坚强的意志，并且能够在认识真理的时候立即下定决心，但是，在她的身上依然具有很强烈的女性气质，与萧伯纳笔下的那些失去了妇女特性的女性截然不同，娜拉十分厌恶别人把她当做玩偶，她认为自己也是人，是一个个体，所以，她要求别人把她当做一个成长的女人以及一个需要了解的热情的女人来看待。

显然，我们在萧伯纳的戏剧中看不到娜拉这一类人，因而，佛兰克·赫里斯认为，萧伯纳的戏剧中的女性都是被易卜生抛出了玩偶之家的一些毫无生机的玩偶。

萧伯纳是否真的相信自己戏剧中的女性的真实性？这个问题似乎有些难解，但是如果我们仔细地在萧伯纳的生活中寻找，就会发现，这种女性至少在他自己的生活中是不存在的，证据就是萧伯纳的妻子。

萧伯纳的妻子可以和他有不同的看法，当然，这不能证明她是新女性，相反，萧伯纳的夫人很是守旧，甚至从没有和她的文豪丈夫一起拍过照。人们也许可以看到“第一夫人”的样子，也可以看到英国女王的面容，甚至也可以看到某位隐居在某个偏僻的小乡村的某位夫人，然而，却始终没有见过萧伯纳的夫人，难道这个新女性宣传者的妻子没有自己的个性么？或者是她对全世界的一切问题都没有意见吗？难道她是那种萧伯纳笔下所鄙夷的“把一切事情都让她的丈夫去办”的女人吗？显然不是。只是萧伯纳的殷勤与腼腆，或者说是萧伯纳对女性的神秘性、风度、神圣的追求，使得萧伯纳的夫人深居简出。当然，在人们对萧伯纳笔下的女性产生兴趣并开始进行研究的时候，他的夫人便突然变成了重大命题，她与戏剧中的女性的反差形成了对比，由此一来，萧夫人如果不表现得叛逆一些，似乎与萧伯纳的特质不符。

戏剧中的女性形象往往伴随着恋爱，有一次，大家讨论有的人因为失恋致死的问题的时候，萧伯纳说失恋不仅能够致死，还能让某些人早死，当时在座的许多人对萧伯纳的话都表示怀疑，萧伯纳便打断他们的讨论，为大家讲他的一个朋友的恋爱的事，他的一个朋友爱上了一个姑娘，姑娘也爱着他的朋友，可是姑娘因为自己家里太过贫穷，不愿与他结婚。这时，讨论者中的一个年轻女孩问萧伯纳："那他后来死了吗？"

萧伯纳回答说："他死了，他在50年后因为这件事而离开了人世。"

在《魔鬼的门徒》中，年轻漂亮的女主人公对男主人公自我牺牲搭救她的丈夫的原因做出了一个结论，她认为男主人公之所以这么做是因为他深爱着自己，即使萧伯纳非要让男主人公说他并不爱女主人公，并且还说如果女主人公不存在，他也会顺从"自己的天性法则"而为其他的人做同样的事情，然而，男主人公说："我被绞死没有关系，但是千万不要为我痛哭。"他的这句话便是对女主人公的结论的肯定。

《鳏夫的房产》中的白朗琪是和薇薇·华伦或者安·怀特菲尔德一样的特殊英格兰式的女人，这种特殊英格兰式的女性形象并不是由萧伯纳创造出来的，而是从希腊时代甚至希腊以前就已经存在的。关于自己笔下的这种女性，萧伯纳曾夸口说，他所塑造出来的这种有着美丽形象的女性，在美国极为受欣赏，影响力甚至可以和英国小说家安东尼 · 特罗洛普在美国的影响不相上下。

事实上，萧伯纳笔下的女性在现实生活中极为少见，或者说生活中类似薇薇 · 华伦或是安 · 怀特菲尔德这样的女人很少，她的亲人和朋友为了她的幸福费尽心机，甚至不惜为此牺牲自己，而这种女人却和薇薇 · 华伦这类人一样，只为自己打算，冷酷无情地对待甘愿为她牺牲的亲人和朋友，生活中的极少数女人甚至还以各种卑鄙的态度对待为了她们的幸福而日夜操劳的母亲。当然这毕竟是少数，其余的女性大多是不会过分坚持自己的个人的权利而招人厌烦的。

当然，萧伯纳对剧作中的女性的刻画并非只停留在女性的贤德方面，重点在于表达女性作为个体应该具备的独立意识以及女性的个性解放，从这个角度说，萧伯纳剧作中的女性形象是成功的。

4. 检查制度

萧伯纳作为一个英国的剧作家，不得不与检查制度发生关系，他经常与检察官发生纠纷。

自从19世纪90年代开始，萧伯纳就一直努力不懈地攻击英国的舞台检查制度。尽管他在创作时总尽量不去触犯“规矩”，但是一些作品还是没有逃脱被查禁的命运。他最初创作的《华伦夫人的职业》一剧的被查禁，几乎葬送了他剧作家的前程。而检察官却暗示他此剧塑造了一个淫荡的歌女，所以不能上演。对此，萧伯纳却说，“罪恶、淫欲，和粗鄙胡闹的娱乐，在不谈到其道德意义或不进行心理分析时，是传统‘罗曼斯’的代替物，是社会所容许的唯一代替物。……但是，当我在《华伦夫人的职业》里把卖淫的事实真相戏剧化的时候，这个剧本便立刻被查禁了。”

之前说过，萧伯纳认为“这个剧本反映了真实的生活，而其猥亵的程度还不足使它在检察官的赞许下通过”。这一禁令直到1934年才取消，《华伦夫人的职业》在伦敦公演。

英国的检查制度起源于亨利八世，检察官一直由宫廷大臣担任。从那时起，检察官对戏剧的压制逐渐司空见惯，以致后来大多数英国剧作家不再进行反抗，而是让宫廷大臣指导他们应当如何写作。渐渐地，英国的戏剧衰落下去。而使英国戏剧重新走上复兴之路的萧伯纳，也深受检查制度的迫害，从早年开始就揭露抨击了这一制度的荒谬、无理。他对检察官的鲁莽行为感到极其愤恨，但他又不得不通过剧本审查这一道手续，才能拿到“一份读起来令人怒发冲冠的傲慢无礼、蛮横至极的文件，文件证明：据他的意见——他的意见！我的戏剧。在其一般倾向方面没有包含什么在舞台上不道德的或不正当的东西，因此宫廷大臣‘允许’它的演出（该死的混账东西！）”。

萧伯纳把检察官说成是“一个绅士，掠夺、侮辱、压迫我，使我无法抵抗，好像他是俄国沙皇，而我是他最下贱的臣民似的。”

从这些言论中，我们可以清楚地看出萧伯纳对检查制度深恶痛绝，认为它“对那些在戏剧艺术上经常出现的猖亵场面抱着极其可耻的宽容态度，并且给予积极鼓励的同时对那些在道德伦理上始终不落陈套的，超越资产阶级的较高级的戏剧，则抱着不能容忍的态度。”

萧伯纳剧本的主题都很大胆，对话都很坦率，但是这并不表明里面有什么伤风败俗的内容。相反，在他的戏剧中，一点儿淫秽色情的东西也没有，然而，这样的戏剧却屡遭查禁，难怪会引起这位伟大剧作家的不满。萧伯纳多次发表言论，促进了检查制度的改革，但也仅仅是指派一个非官方的检察官。当有人问他如何才能废除检查制度时，他又一次说出惊人之语：“你们必须首先废除君主政体。”当然，这句话显然是针对检查制度的政治性而言的。

向来喜欢开玩笑的萧伯纳还有一次声称，在下一次检察官空缺时，他自己打算申请担任这个职位。并且如果他真的被任命这个职位，他“不能不做出讨厌与恶作剧的事情，正如人家用枪支的通条插进蒸汽机一样。”

当然，萧伯纳肯定不会去申请这一职位，他真正应该努力去做的是尽量使剧本不被查禁，顺利演出。有一次谈到马克·吐温的幽默特点时，萧伯纳说：“我在许多方面是与吐温站在同一立场的。我们描绘一切东西都是为了使人们想到我们是在开玩笑，否则他们就会把我们处以绞刑。”因而，可以说，萧伯纳为了避免被“处以绞刑”，只能在玩笑中流露出他对丑恶的社会制度的揭露与否定，也正是因为这个原因，使得他形成了属于他的幽默、嘲讽的写作风格。

之前说过，由于英国的检查制度以及社会政治环境有关，萧伯纳的戏剧并不是首先在本国取得成功的。最早欢迎萧伯纳戏剧的国家是美国，然后德国。斯堪的纳维亚各国人民也始终喜欢萧伯纳，斯堪的纳维亚的人们之所以能在美国人接受萧伯纳不久，就表示了对他的热烈欢迎，大概部分是因为萧伯纳一直提倡挪威剧作家易卜生的戏剧，他自己也是师承易卜生来进行创作的。而对于英国来说，认识并熟知这个伟大的剧作家是在萧伯纳的剧本首次在伦敦演出的15年之后。

由于法国已经有了自己的莫里哀，所以对萧伯纳的认可与喜爱是最迟的，在《圣女贞德》之前，法兰西剧院并不演萧伯纳的作品。

萧伯纳的伟大渐渐地被欧美各国人民所承认，并成为了欧美各国读者和观众所熟悉和敬仰的杰出的剧作家。

5. 大师的创作技巧

萧伯纳虽然经常可以写出很好的角色，然而他却使那些戏剧舞台明星感到厌烦。因为他不愿意利用剧坛名人把那些不存在的东西演得栩栩如生，他是要使观众受到强烈的冲击和震荡。

萧伯纳喜欢用有着大量对白的“圆桌会议”式的剧本来吸引观众的注意，这对一些戏剧家来说，并不是一件容易的事，对此，萧伯纳有自己的技巧。他还在《排练的艺术》一文就把戏剧演出者的常规写了出来，这更让那些大牌舞台明星厌烦。

萧伯纳的剧本总是采取一种使人感到愉快的态度，他的舞台指导常常是很有助益的，由他做的舞台指导，能使演员在演出时并不感到紧张。

有些评论家认为，萧伯纳的舞台指导是多余的，然而萧伯纳自己却坚持认为剧本不但必须成为吸引读者的、有趣味的东西，而且也必须作为演出者对演员提词时使用的剧本。另外，萧伯纳还明确指出，长篇小说的写作与剧本的写作之间有明显的差别。他认为，“戏剧家的职责是使读者忘掉舞台，使演员经常想到观众。”因而，他经常教导年轻的剧作家们要有“一个戏剧场面的概念”。

在各类剧本的创作中，萧伯纳认为喜剧比较难写，因为喜剧要有幽默感。但就创作的过程而言，他认为悲剧与喜剧是一致的，那就是要创造一个发生误会的局面，而且把它放在倒数第二幕的结尾，第一幕要详尽阐明误会的局面将怎样形成，再把剧中人物向观众作必要的介绍，而最后一幕就要把发生误会的局面彻底解决，尽量使观众满意地走出剧场，如此一来，一个剧本就创作完成了。

萧伯纳虽然提供了一个创作剧本的一般方案，但他写作时却很少按照它来进行。然而，在他提出的一些有关剧本写作的忠告方面，他确实是身体力行的。众所周知，在萧伯纳的剧作中，并不注重情节的精心安排，却有着大量的人物对白。对此，他自己曾经说过：“我回避情节，正如逃避瘟疫一样。我曾再三劝告青年剧作家说，一个情节就像一个七巧板玩具，拼板的人觉得趣味无穷，但旁观者则感到索然无味。”

有些人认为，萧伯纳的“回避情节”，使得他的剧本不能算是正统意义上真正的戏剧，更不是后台情节剧意义上真正的戏剧了。这也是使他受到一些批评家猛烈攻击的原因之一。

萧伯纳的戏剧充满幻想和狂热的理想主义，赫里斯称为“一种过于褊狭的、过于以自我为中心的‘萧伯纳风格’”。不管他的材料选取得多么广泛，“萧伯纳风格”始终存在。萧伯纳自己也曾说过，他创作的真实过程不管怎样，但“其结果总是表现为：始终有一些东西在后面，我并不感觉到这些东西的存在，可是它最后却成为整个创作的真正主题。”

在萧伯纳看来，刻意地按照某种方法去创作是无法产生不朽的著作的。

他曾经说过：“把一个人训练成为剧作家或戏剧家是不可能的，除非他的天分已经完成了工作的99%。”“现在我熟悉了许多在我写第一个剧本时还不知道的舞台技巧，然而，我的第一个剧本却和我最后一个剧本同样有效地抓住了观众。”由此可见，萧伯纳眼中的创作的全部艺术只不过是倚靠“断言”罢了，这一力量的程度和质量有赖于信念的坚定性和强度。而他的好友佛兰克·赫里斯觉得萧伯纳的“坚定的信念”就是他的风格。在他给萧伯纳写的传记中有这样一段话：“既然萧除了‘坚定的信念’之外没有别的东西，那么我们应该能够对他的风格下一个明确的定义，假如他的‘坚定的信念’不那么互相矛盾的话，我们本来是可以做到这一点的。他是社会主义者、费边社员、和平主义者、素食主义者、绝对戒酒者，以及其他许多东西。他是天下第一号‘反对’者：他反对资本家、反对食人肉者、反对吸烟、反对喝酒、反对保皇党、反对民主党、反对动物活体解剖者、反对种痘者以及其他许多东西。而且，他同时赞成又反对许多东西，例如，他既赞成战争，又反对战争，他赞成民主政治而反对议会，赞成进化论而反对达尔文，赞成民族主义而反对爱国主义，赞成过分与拘谨而反对检查制度，云云，直至无穷尽的云云！”

总之，无论他人有什么样的看法，萧伯纳始终都在坚持着自己的创作思路与创作方法。

第四章 大师的那些事儿

1. 萧伯纳与他的剧作

萧伯纳有很多伟大的剧作，对欧洲以及世界戏剧都产生了非常巨大的影响。虽然在我们现在看来他是那样的了不起，但是他的剧作之路也是相当坎坷的。

在萧伯纳的剧本初次在伦敦演出15年以后，英国人才知道国内早已出现了一个现代的莫里哀。1894年，《武器与人》在英国伦敦的文纽剧院连续上演了11个星期，这是成为专业戏剧家后的萧伯纳在伦敦西区第一次正式的演出剧本。这场演出对于一个剧作家来说是观众们对他极大的认可，但是对于剧院来说则是失败的，因为一个连续演出11个星期的剧本，对于剧作家萧伯纳来说，是非常成功的，然而对于剧院来说 ，一个剧本连续上演11个星期，却只拿到了1777英镑5先令6便士的收入，作为剧院经营来说，这是极为失败的，事实上，如果不是观众零零散散地拖那么长时间，而是集中在两三个星期前来观剧的话，剧院一定会赚钱。

美国是最早欢迎萧伯纳的国家，之后是德国，随后，萧伯纳在这两个国家的声誉一天比一天响亮，这也是为什么在萧伯纳的剧本在伦敦演出15年之后，英国人才知道国内早已出现了一个现代莫里哀。法国人对萧伯纳的认可与欢迎，也是相对较晚的，即使有哈蒙书局以及法国著名作家米·德·古尔蒙的支持，当时，巴黎人士不欢迎萧伯纳，法国的剧院也不愿上演萧伯纳的作品，甚至在萧伯纳的《圣女贞德》获得成功之后，法国同道剧团的很少几次演出也是在外籍人士比多伊夫克服了许多困难之后才得以实现的。

1921年，巴黎的观众第一次观看《武器与人》的演出时，他们觉得这出剧的剧情好像在哪里见过，其实，他们有这种感觉是很正常的，因为1845年查尔斯·马修斯的《用完》中，就借用过一处法国滑稽剧的相似的情节。

面对一些文艺作品的内容相似的问题，萧伯纳在观众或者是不喜欢他的人列举出种种有力的证据时，总是会回答说这个故事的确曾在自己的家族中发生过，或者是说这个故事的内容是由一个十分要好的朋友告诉自己的，其实，这种回答模式是属于所有业余作家的，萧伯纳并没有摆脱这种寻找借口的习惯。

对于巴黎人对自己作品的态度，萧伯纳表示同情，他认为，法兰西剧院可以随时演出法国人自己国产的戏剧大师莫里哀的作品，所以，他们不能接受舶来品也是正常不过的事。萧伯纳还解释说，巴黎和维也纳同属一个时代，与欧洲其他的首都相比较而言，落后一百年，想要对其输入舶来品，当然会让巴黎这个世界唯一的文明都市的人们感到可笑。

当时，法国剧坛中有几个对萧伯纳的戏剧颇有研究的人，他们在萧伯纳的戏剧中找出了英国幽默诗人威廉·史万克·吉尔伯特爵士的一点儿东西，当然，不会只是一点儿，还找到了易卜生、尼采以及德国戏剧家和小说家苏德曼、豪普特曼的一些东西，还有比利时剧作家斯特林伯格、梅特林克的影子，甚至还找到了法国莫里哀的东西，因此，这些对萧伯纳剧作有着深入研究的人士要求萧伯纳必须巧妙地证明出自己的伟大，才能进入法国剧坛，否则，单凭这些借鉴名家的作品，别想入侵法国剧坛。最后，萧伯纳的《圣女贞德》把这些趾高气扬的法国剧坛中人彻底征服了。其实，《圣女贞德》是萧伯纳自认为最不巧妙的作品，只是这出剧在政治上和宗教上使每个法国人的心灵都受到了震荡，所以才将法国人之前对自己铺天盖地的批评淹没了。

萧伯纳最早创作的三个剧本都是以伦敦和他自己的生活的时代为背景的，然而，他的几部初次获得成功的作品却摆脱了这些，既不是以伦敦为背景，也不是以他自己生活的时代为背景。比如《武器与人》是以巴尔干为背景，《凯撒和克莉奥佩特拉》取材于两千年前，《魔鬼的门徒》取材于美国，而《布拉斯庞德上尉的转变》则是以摩洛哥为背景的。

因而，如果要探索萧伯纳成为杰出剧作家的原因，必须从他开始不再半心半意讨论社会问题而转到其他境域或者是其他时期开始。需要注意的是，由于早年的穷困落魄剥夺了萧伯纳外出漫游的机会，再加上萧伯纳本来也不喜欢外出旅行，所以，他从都柏林到伦敦是他出自本意的唯一的一次旅行，其余的旅行，都是并非出自本意的。为了执行评论任务，萧伯纳去过拜罗伊特，也去过巴黎，在艺术工人协会的朋友的劝说之下，他还去过意大利。后来，他还去过法属北非各地，他到过的最北的地方是斯德哥尔摩，最南的地方是马德拉，最东的地方是莫斯科和斯坦布尔。许多人认为，萧伯纳的这些旅行经历与他在剧作中所虚构出来的真实的气氛和环境是没有关系的，因为在他的谈话中，人们怎么都无法猜出萧伯纳竟然还去过离自己家5里以外的地方。

萧伯纳在剧中虚构的环境和气氛并不比《格列佛游记》中勒末

尔·格列佛的环境更真实。事实上，描绘环境和气氛是讲故事者的特殊才能，并不是凭借旅行经验来回忆的，假如萧伯纳终身卧病在床，那么他也必定能够制造环境和气氛，使他的故事更加有趣。

许多人都认为《华伦夫人的职业》和《康蒂妲》这两出戏可以作为萧伯纳最优秀作品的衡量标准，让我们对这两出戏分别进行分析。

首先说说《华伦夫人的职业》，这出戏主要表现了萧伯纳的特殊性格，之所以这么说，是因为这个剧本和萧伯纳自己一样，又强又弱。

萧伯纳虽然用正面的笔法攻击当时的偏见、陋俗以及愚蠢的行为，然而在他即将胜利的时候，竟然停止了攻击。

在《华伦夫人的职业》这出戏中，萧伯纳十分巧妙地指出，社会希望你成为体面的人，不管你干了什么事情，社会不会深究你的利润是从何而来的。这一点，萧伯纳看得很清楚，并且通过华伦夫人之口，让观众都知道，上流社会的道德都是虚伪的，罪人不是华伦夫人，而是社会，社会让一个只想要爱护女儿，使女儿能得到安定生活的母亲成为了罪人。这个曾经做老鸨的女人，为了保持住自己对女儿的爱，想尽一切办法让女儿继续过着奢侈的生活,世上没有比华伦夫人的悲剧更大的悲剧了。

佛兰克·赫里斯认为，《华伦夫人的职业》对社会的控告是强有力的，是真诚的，然而，萧伯纳控告社会的勇气与激动人心都不能让他从对罪恶社会的强力批判中提出一些解决问题的办法。赫里斯认为，从这一点来看，《华伦夫人的职业》是失败的，因为萧伯纳让自己和这出影响颇大的戏剧提出的问题不了了之。当时几乎所有的评论家都认为，《华伦夫人的职业》的主题是抨击女性为了名利而从事肮脏的肉体交易，抨击华伦夫人这样的妇女。事实上，这是所谓的评论家们的歪曲和误解，萧伯纳想要说的比这些要深刻很多，他写道："我们谴责那些合法地或非法地出卖肉体来养家糊口的妇女，认为她们不应该这样做，而应该安于匮乏、贫困和低下的社会地位；我们要谴责的不仅仅是这些妇女，还有大批属于这种娼妓阶级的男人，比如说，戏剧家和新闻记者，我自己就属于这两类，还有医生、律师、牧师等等，这些人整天都在用他们的才能去掩盖他们真正的思想感情。相比之下，一个出卖几小时肉体的女人的罪恶远不及戏剧家、新闻记者、医生、律师这类人，在如今的社会中，没有罪名的有钱人比没有贞操的穷苦女人更危险。"

虽然萧伯纳对《华伦夫人的职业》的慷慨陈词让许多评论家钦佩，但是依然没有提出一个行之有效的办法来，萧伯纳作为一个善于展开猛烈抨击的社会批评家和控告人，似乎并不具备行动的能力，或者说他在直接行动方面存在着严重的不足。当然，萧伯纳对此提出了些建议，他建议"用相当好的住房取代萨托利阿斯的贫民窟，用合理的婚约去代替查理斯式的恋爱，用那些合乎人道的工业法典以及'合乎道德的最低'工资为保障的正当工业去代替华伦夫人的职业。"

当然，在当时来说，没有什么建议能比萧伯纳的这条建议更软弱了，也没有什么建议比他的这条建议更不切实际、没有效力了。因为他当然知道当时的社会罪恶并非起源于不合理的婚姻，他也肯定明白使妇女堕落到从事肉体交易的并非是法律，而是贫困、饥饿以及人类内心深处的孤独。

事实上，萧伯纳之所以在《华伦夫人的职业》中攻击对待社会问题的传统观点、上流社会的道德观点，是因为他自己的写作本身就是传统的，他自己所过的生活和他自己所信仰的生活是不同的。因而，萧伯纳没有在《华伦夫人的职业》中彻底地讨论现代的道德观，更不打算指出华伦夫人的职业与她女儿的品格是毫无关系的。萧伯纳曾经和一位友人谈起《华伦夫人的职业》的时候，郑重地说："将来，我一定要竭尽全力把华伦夫人，这个母亲的事实真相找出来。"然而，他并没有真的寻找，甚至连一半的事实真相都没有找出来，原因很简单，那就是当时英国的检查制度。

说起萧伯纳的剧作，就必须要说说英国的戏剧检查制度，《华伦夫人的职业》写于1894年，而在英国首次在剧院公开上演是1927年，这个时候的萧伯纳已经是诺贝尔文学奖的得主了。对于《华伦夫人的职业》被查禁，萧伯纳写道："罪恶、淫欲和粗鄙胡闹的娱乐，在不谈到其道德意义或不进行心理分析时，是传统'罗曼斯'的替代物，是社会所容许的唯一的替代物，社会允许我们，并且鼓励我们将舞台变成卖淫的有吸引力的场所，并鼓吹青年人进出妓院，然而，当我在《华伦夫人的职业》中把肉体交易的事实真相戏剧化的时候，这个剧本便立即被查禁了。"

在《华伦夫人的职业》被查禁的时候，萧伯纳向他的朋友们表示，检察官的决定是错误的，检察官的意见是萧伯纳在这个剧本中塑造了一个淫荡的歌女，可是在这之前从来没有人这么做过，换句话说，《华伦夫人的职业》并没有到不道德的标准，只是这个剧本反映了真实的生活，因而检察官不允许其公演。

当然，萧伯纳在《华伦夫人的职业》中的失败对他自己来说是无足轻重的，客观地说来，的确是无足轻重，原因是他的优秀作品所放射出来的光芒使得他的失败就像是太阳黑点一般，那么，是什么作品让他的失败就像是太阳黑点一样呢？那就是他的《康蒂妲》。

当时的许多评论家认为，《康蒂妲》是那个时期最有力量的作品，这个剧本甚至可以和英国著名作家奥利佛·哥尔斯密的最优秀的作品相媲美。这个作品还被评为是极具生命力、极具人情味的戏剧。

《康蒂妲》讲的是一个妇女的故事，康蒂妲必须要在两个男人之间做出选择：自己的丈夫和一个诗人，丈夫需要自己，而诗人又在疯狂地崇拜着自己。康蒂妲是信奉社会主义的伦敦贫民区的牧师莫瑞尔的妻子，青年诗人马本克爱上了她，因而和牧师发生了冲突，在康蒂妲看来，青年诗人马本克只是为了恋爱而恋爱，而她的丈夫信仰着社会主义，并深深地爱着她，也爱自己的工作，他需要妻子，也需要工作，康蒂妲认为诗人是“强者”，完全可以独立生活，而牧师则是“弱者”，必须依靠自己才能生活下去，最终，康蒂妲选择了莫瑞尔。

《康蒂妲》在评论家眼中的价值，不仅只是一出伟大的戏剧，还有作者在剧中塑造出的伟大崇高的女性，从康蒂妲的性格的成长过程以及性格特点的充分表现看来，萧伯纳在这出戏剧中的艺术技巧已经超越了他过去刻画的其他人物水平。

不难看出，康蒂妲的丈夫、信仰社会主义的牧师莫瑞尔的人物典型和谈吐，确实充分体现了社会主义者萧伯纳本身的特点，虽然萧伯纳自己说这个人物是曾经与他一同参加社会主义运动的一个友人的肖像画，但是这个人又依然有着萧伯纳自身的特点，佛兰克·赫里斯认为，这个人物有着萧伯纳固有的高尚和体面。

《康蒂妲》的美好结局是这出剧能够吸引剧院观众的主要原因，尽管剧中人物说了许多反传统以及被当时认为是“不道德”的话，然而故事终究是依照传统习惯而结束。

事实上，萧伯纳完成《康蒂妲》之后，便由戏剧创作的学徒阶段走出，逐渐走向大师之路，原因是，从《康蒂妲》开始，萧伯纳已经在用创作戏剧的方法来表现他的艺术精粹了，我们无法从他的成长中窥探到使人惊奇的经历，然而，他却把自己的一生显示在他的作品中，并让人感到了惊奇与惊讶。

萧伯纳对思想活动的过分热衷，使得他的戏剧作品受到了损害，我们可以由他的另一部剧作《魔鬼的门徒》中看出。这出剧作是萧伯纳早期的作品，也是除了《武器之人》以外最受欢迎的早期剧本，然而，在创作的历练中，这两部作品逐渐失去了对萧伯纳的内在影响。

萧伯纳一生一共创作了51部戏剧作品，然而这里却着重强调《华伦夫人的职业》和《康蒂妲》，这是因为在这两部剧中，萧伯纳找到了自己的创作出路，并且他还因此获得了该有的荣誉。作品本身在英国文学中的地位也是无法撼动的。

2. 莫尔文戏剧节与《苹果车》

想要知道财富和声望将萧伯纳抬到何等高度的地位，就不得不提莫尔文戏剧节，因为，真正使萧伯纳的文艺事业达到登峰造极境地的是莫尔文戏剧节，而不是诺贝尔文学奖。

1929年的夏天，筹备了很久的莫尔文戏剧节以萧伯纳的一个新剧本的演出作为了开幕式，这个戏剧节能够与英国戏剧运动以及德国萨尔茨堡和拜罗伊等地的戏剧节一争高下。

在1929年8月的某个星期日的早晨，评论家杰顿从伦敦乘坐4个小时的火车来到莫尔文，只为观看萧伯纳的《苹果车》的演出。

事实上，从伯明翰到格拉斯哥，或者是伦敦，戏剧的演出几乎每天都在进行。所以，剧评家一般情况下不愿意离开伦敦的西区去欣赏戏剧。那么，评论家有如朝圣般的结队来到莫尔文欣赏《苹果车》就表明：要么萧伯纳已经拥有了控制新闻界的能力，或者是这个叫做《苹果车》的剧作是萧伯纳最为优秀的作品，是新闻记者或者剧评家们不能错过的作品。无论是什么原因，都能体现出这个时候的萧伯纳在戏剧界的地位非同一般。

在莫尔文戏剧节开幕前的几个星期，在莫尔文的人们就对这出戏剧产生了极大的兴趣。事实上，这个地方原本是伍斯特郡的一个胜地，一座山城，瑞典的夜莺、著名的女高音歌手詹尼 · 林德的长眠之处，四周环绕着历史上的纪念碑和令人迷醉的乡村风情，这个胜地和其他所有的胜地一样，对戏剧并没有太大的兴趣。萧伯纳十分喜欢这座小山城，因为这里没有电车，还因为英国的著名作曲家爱德华·埃尔加爵士就住在邻近的地方。

与萧伯纳接触或交往的莫尔文当地人都说萧伯纳的神情非常潇洒，举止漂亮大方。另外，萧伯纳爬山的时候所表现出来了敏捷灵活使这里的青年们大为惊奇，他还在城里的游泳池中游泳，使得那些尚未进入社交的少女感到极为新鲜，总之，萧伯纳在莫尔文当地人的眼中，属于新鲜、罕见的人物。

对于这次的莫尔文戏剧节，佛兰克·赫里斯调侃道："我相信，当萧得知莫尔文和艾冯河畔斯特拉特福只隔着一个山头的时候，一定会认为这个上演他的剧本的戏剧节可以使有关莎士比亚的论战从此宣告永远终止，他甚至邀请斯特拉特福戏剧演员前来参加开幕式，观看星期天下午《苹果车》的演出呢！"

这里需要说明的是，佛兰克·赫里斯所说的艾冯河畔斯特拉特福是莎士比亚的出生地。

萧伯纳写完《苹果车》一共花了6个星期，他是用速记方式写文章的，所以说，当他一开始动笔，便能够在很短的时间内写完整个剧。

当然，从《苹果车》第一次演出的效果看来，萧伯纳花6个星期创作这出剧似乎有些浪费时间，佛兰克·赫里斯甚至认为用一天就足够了，在他看来，"从来就没有一个剧本演出那么冠冕堂皇，动人心目，也从来没有一个作家在写作上花了那么多不值得花的工夫。"

当济济一堂的剧评家们看完《苹果车》时长1小时20分钟的第

一幕之后，便来到花园中休息，他们大都不明白为什么他们还要回去，然而，当他们走进剧院看完一段与全剧无关的插曲之后，出来呼吸一口新鲜空气，又要回到那个他们心里的“禁闭室”中，最后，这些剧评家大都踉踉跄跄地离开了“萧伯纳平生所写的一出最无力量的戏剧”。

由此可见，《苹果车》没有像萧伯纳其他的优秀作品那样获得认可。

《苹果车》的故事情节十分简单，大约在1862年间，英国国王马格纳斯接到内阁一个最后通牒，如果他签字接受这个通牒的话，他从此以后就没有公开谈话的权利，包括用间接的方式向新闻界发表意见的权利也没有了，更不能使用帝王的权力否决议会的法令，由于马格纳斯不愿接受这种条件，便说自己要推诿，当内阁赞成他的建议的时候，他又说他将让位于自己的儿子，自己放弃所有的爵位，只在议会中做一名代表温莎的下议院议员。由于新国王必须指派一个官员去担任内阁领导人，谁知道新国王是否会派前国王马格纳斯自己去当内阁领导人呢？为此，首相为了避免前国王马格纳斯做领导人而使得局面比当前不得不忍受的局面更为糟糕，便撕掉最后通牒，由此，国王马格纳斯取得了胜利。

萧伯纳这种在王族与群众对立的情况下支持王族的态度，使得不少剧评家认为萧伯纳在莎士比亚开始写剧本的地方终结了他自己的创作生涯。他们认为，剧中有两个角色描写得过于夸张，一个是异乎寻常地喜欢开下流玩笑的首领，穿着俄罗斯的红色外套和裤脚塞进长靴里的裤子，还有一个是美国大使，他的样子像漫画家讽刺画中的人物。剧评家认为，除了这两个人物以外，整出《苹果车》

没有什么东西能够引起剧评家穿过街道去看，更别说让大家在休息日花费一天的工夫坐一百多里路来观看了。

不难看出，萧伯纳在《苹果车》中塑造出了一个自从亚瑟王以来就愿望产生而没有产生的能够代替那些有史以来统治世界的勇士的哲学家的国王。然而，观众和剧评家似乎并不喜欢在这部作品中看到这个国王或者是压根就不想看到这个国王。

既然大家不认可《苹果车》中的国王，那么，萧伯纳塑造这个国王的依据是什么呢？事实上，这个问题得从萧伯纳所处时代的国王说起，在萧伯纳的时代中，谁是最为文明的国王呢？

毋庸置疑，当然是爱德华七世，然而，不管是在《苹果车》里或者是王族马车里的孩子，都有一个共同的特点，那就是他们都是被宠坏了的孩子或者是在孩子时代很受宠溺，即便爱德华七世是萧伯纳时代最为文明的国王，在他的成长历程中，从来没有受到过别人的指责，并且这位被认为是最为文明的国王品评他人的依据只有一个，那就是爵位的高低。试想一下，这样的国王即便能与“文明”一词联系在一起，充其量也只能在他会以一种极端敬重的态度去接见一位近于低能儿可是地位很高的公爵。

也就是说，在这样一种时代，大多数的国王通常会因为不够格而被赶下台，怎么会出现一个以机智战胜首相的国王呢？在剧评家看来，这证明萧伯纳与现实主义的距离并不近，萧伯纳将首相刻画成了傻瓜，佛兰克·赫里斯说：“事实上，除了马格纳斯国王之外，萧伯纳把所有角色都写成了傻瓜。”

萧伯纳在后来写的序言中表示《苹果车》并没有攻击民主政体的意图，然而，他的否认让他的这个剧本在思想上显得更为混乱。

在这次戏剧节的第二年，萧伯纳并没有创作新的剧本，因而，他在莫尔文戏剧节中的荣誉便属于鲁道夫·贝西尔的剧本《温波街的巴雷特一家》了。

直到1931年，在莫尔文戏剧节中再也看不见“全部萧伯纳”的节目了，可见，《苹果车》对萧伯纳戏剧以及萧伯纳本人的影响。当然，尽管评论家嘘声一片，萧伯纳依然坚持着自己的主张，依然不承认自己攻击民主政体。

3. 萧伯纳与美国人

在萧伯纳做他的环球之旅以前，从来没有去过美国，因为他实在想不出自己要去美国的原因。然而，这没有挡住美国人对萧伯纳的热情，用佛兰克·赫里斯的话说，就是“美国人有一半跑来找他，还有一帮宾娘拥护他，即使他把美国骂得痛快淋漓。”

当然，萧伯纳并不会费尽气力去接受美国人的殷勤款待之苦，更不需要在美国人负担费用的情况下依靠巡回演讲来填饱肚子，也就是说，萧伯纳无求于美国。

萧伯纳似乎知道美国的一切弱点，也知道美国的一切长处，然而，赫里斯认为，萧伯纳的观点比其他任何人的观点都接近美国人，比如说，美国人认为无论是谁，都能通过宣传的方法完成任何事业，萧伯纳的行动证实了他们的主张。

萧伯纳对美国的认识与了解是通过报纸报刊上的文章，事实上，萧伯纳对美国的文学兴趣很早就消失了，也许这就是为什么他对美国不感兴趣的主要原因。

对于美国，萧伯纳当然不仅止于不感兴趣那么简单，“他甚至不愿意对美国说一句客气话”，不仅如此，萧伯纳还说：“100个美国人当中，99个是傻瓜。”当然，萧伯纳嘲笑过的特殊类型的美国人在英国却大受欢迎。

其实，自从英国政府命令本国人民“买英国货”以来，美国人就把美国商品贴上英国标签，然后欣然卖给英国人，而英国人也欣然购买，因而，萧伯纳也一定是美国人的老主顾，“美国人的这种通过欺骗萧伯纳和全世界人民和行为，证明自己是聪明的。”对此，萧伯纳认为美国人是个专门依样画葫芦的民族，他认为美国人的这招是和他自己学的宣传说法。

事实上，萧伯纳才是毫无顾忌地照抄美国人的宣传方法，用以大规模应用于文学作品上，因而，这种作品没有获得较大的成功。

萧伯纳不相信现实生活中的美国人终日奔忙，他说，在他的少年时代，美国人就和马克·吐温那样，被描绘成从容不迫、气度雍容的民族，然而，民族性在这方面是否会改变？如果与一个在美国生活多年后又回到伦敦做生意的英国人谈话，就会知道，在英国，这个英国人觉得大家为一件小事做出决定，也需要很长的时间，如果遇到有关的人不在城里，就会把事情拖得更久。当然，这无法证明美国人的匆忙，但是足以证明了英国人的不匆忙，而在萧伯纳看来，美国人急急忙忙地打不必要的冗长的电报并不是匆忙，而是彻头彻尾的浪费。

之前说过，虽然萧伯纳如此对待美国人，而美国人对萧伯纳却是热情如火的，他们的确是在用匆匆忙忙的态度对待萧伯纳的作品。对此，萧伯纳认为，当美国人得知他早期创作的小说还没有得到出版的时候，他们是匆忙的。美国人“拿他的小说在美国大地大肆宣传，每本售价美金1元5角，不必付版税给那位受到阿谀奉承的作者。”

萧伯纳并没有对美国这种非法翻印侵害版权的行为感到愤恨，并且让主要的翻版人成为了自己的合法的出版人，以酬谢这位出版人对自己文学的卓越鉴赏力。

事实上，美国人的这种做法给萧伯纳帮了大忙，他们使他在20世纪初就开始获得可以过富裕生活的收入了，从1920年开始，纽约戏剧协会最先演出当时被认为是萧伯纳的最优秀的三部作品，《伤心之家》、《圣女贞德》、《千岁人》。看来较为有趣，萧伯纳认为美国存在着许多弊病，而美国则认为萧伯纳有许多的好处，这是萧伯纳与美国之间最大的分歧，实际上，萧伯纳与美国之间存在着许多共同点。

在环球之旅之前，萧伯纳曾经接到过许多访问美国的邀请，然而都被拒绝了，甚至有时在一个月就连续拒绝好几起。

萧伯纳进行宣传的方法与美国人十分相似，佛兰克·赫里斯对此的解释是：“世界上的事情不管是真是假，如果你经常提起，大众就会信以为真的，萧不过依照这个原则行事罢了。”

萧伯纳甚至还认为，自己的名气越大，就越需要宣传，这种宣传方法与美国人做香烟广告的方法完全相同，也就是说，如果真想利用广告进行宣传的话，你赚钱越多，就越需要花钱去做广告。

对于宣传来说，萧伯纳最初只不过是用一般传统的方法，他会用马车以及喇叭做宣传，而后来则利用无线电和屏幕做宣传，他是个宣传能手，早在他早期的辩论中，就已经懂得怎样去附庸风雅，使公众今后在心目中将他和某个显要人物的名字永远联系在一起。

由此看来，萧伯纳与美国人有着相似的地方，那就是宣传。

4. 婚姻与家庭生活

婚姻是萧伯纳的一生中最容易被忽略的事，并且是非常严重的忽略。因为，在这位戏剧大师的戏剧作品中的任何一段描述都不如他对自己婚姻的描述那样幽默，他用怎样从草地上被带进人生马厩的比喻来描述自己的婚姻。

19世纪90年代中期，萧伯纳随几个朋友到佛罗伦萨去旅行，在旅行途中，萧伯纳生病了，而他的朋友必须继续按照计划旅行，然而，其中有一个朋友不愿意让萧伯纳在一个意大利交际花的摆布下卧病在床。

所以，这个朋友决定留下来看护萧伯纳，直到萧伯纳能够坐起身来观察周围的事物的时候，眼前的事物让萧伯纳大为惊讶。他冲着身旁的业余护士大嚷道："天哪，你干了些什么？"

看着萧伯纳无缘无故地吼叫了起来，女护士吃惊地望着他。

萧伯纳看着女护士接着说："你知道你的朋友会怎么想吗？"

女护士更加不解了，正要开口时，又被萧伯纳的吼叫声打断，"没有人会相信你看护我是完全出于无私与忠诚，你在世人的眼中已经完蛋了！”

这位女护士对萧伯纳的话似懂非懂，并询问萧伯纳有什么好的补救方法，她自己认为最稳妥的方法是从此以后永远住在意大利，萧伯纳当然不会同意，便做出了补救此事最为简单的方法——结婚。

萧伯纳的举动，保护了一个女人的声誉。

当然，这只是有关萧伯纳婚姻的众多说法中的一种而已，还有好多种古怪离奇方法，最可信的当然是萧伯纳自己的说法。

据萧伯纳自己说，这个名叫夏绿蒂·潘旦馨的年轻女子并非是在意大利认识的，而是在爱尔兰认识的，萧伯纳一直被她吸引着。19世纪90年代末期，萧伯纳在夏绿蒂·潘旦馨的英格兰乡间住宅附近骑自行车的时候，不慎摔了一跤，脚踝受了重伤，在被人家抬进夏绿蒂·潘旦馨的家中，并由她进行急救。

急救变成了留宿一夜，留宿一夜变成几个星期的长住，萧伯纳感到自己所面临的局势愈发地严重了，然而，他认为自己不能不理睬这么一个慈爱温柔的好护士，更不能对她做出无情的表示。萧伯纳回忆时说：“我当时突然清醒过来，如果这样下去的话，我肯定会和她谈情说爱，也肯定会向她求婚，可是我不想这么做。有一天晚上，我下定决心要离开她，第二天便起了个大早，在黎明时分偷偷地向门口溜去，可是屋里地板太过光滑，当我想要慢慢下楼，刚踏上第一级台阶的时候，我的大腿一打滑，结果两腿朝天地摔到楼下，她立刻跑下楼来把我扶起来。”

事实上，这两种说法都经不起推敲，潘旦馨在结婚之前的确去过罗马研究意大利市政管理学，可是她并没有和萧伯纳一起去，另外，萧伯纳的确曾扭伤了脚踝，也曾从二楼摔到铺着石砖的过道，臂骨由此跌碎，也的确是由潘旦馨帮他安上夹板并且看护照顾的，可是这些事情发生的时候，潘旦馨已经做萧伯纳夫人很长一段时间了。

不管萧伯纳和潘旦馨两人是如何相识或者如何成为了夫妻，开始了婚姻生活，如果想要了解这段婚姻生活，就必须从萧伯纳与他的母亲以及一个杂役女仆在菲茨罗伊广场三楼时的家庭生活开始。

没错，想要了解萧伯纳的婚姻，就必须了解他的家庭生活，当然，家庭生活这4个字还不足以描写萧伯纳的家庭情况。也许大部分人都在想母亲与儿子的家庭生活是在有条不紊的秩序下度过的，每天都有按照时间准备好的可口的餐食，母子二人十分和睦。事实上，在这里生活期间，这母子二人的确很和睦，只是他们很少互相接触，从不同席就餐，虽然他们彼此之间较为坦白，但是他们却是很少交流的，不曾相互照料，也不问彼此的行动。萧伯纳白天在不列颠博物馆的阅览室中度过，晚上则在公共集会、歌剧院、音乐会或者是剧院做他的评论工作。他在一家素食餐馆中吃午饭，而在家的时候，他总是在那个敞开着窗子的小房里，那就是他的工作室，每天早上女仆会将一些可可茶、黑面包、鸡蛋等不用煮或是无须多煮的东西放在他那堆满纸张的桌子上，这张桌子一年最多被萧伯纳清理两三回，因而他经常能够在此挖掘出一些被遗忘的、搁置已久的支票或是邮局的汇票等宝藏。

在这一时期，从来没有人注意或者关心萧伯纳的举动，比如说，萧伯纳是否在家或者是否外出并没有人关心，他的母亲也一样，行动自由，不受干涉。母子两人就这样分别过着自己的生活，做自己的事，彼此当然不曾产生摩擦，别人问起他母亲的时候，他通常会说："我们的关系十分完美的。"当然，在母亲和姐姐之间产生矛盾与争执的时候，萧伯纳便会出面做和事佬，他努力使她们相信过错产生于自己的身上。

菲茨罗伊广场的生活环境非常适合萧伯纳的性格，或者说萧伯纳的性格非常适合于居住在菲茨罗伊广场3楼时的生活。同样，这样的生活也适合他母亲的性格，他们母子二人在没有或者是几乎没有家庭生活的情况下，生活得十分幸福。

这一时期，除了与母亲的家庭生活之外，萧伯纳还有一段家庭生活，那就是与费边社领袖锡尼·韦布家人的同居时期，除了素食习惯之外，萧伯纳没有给韦布一家带来什么麻烦，反而为锡尼·韦布这对努力从事写作而在文艺技巧方面没有自信的青年伉俪提供了很大的帮助，他的一些让人意外的观点和意见让锡尼·韦布夫妇感到十分有趣。另外，萧伯纳还和以一部《在野蛮人中间生活70年——一个野蛮人著》的有趣自传而闻名的亨利·索尔特同住过。索尔特的生活极为简朴，并且还是一个狂热的人道主义者、素食主义者和雪莱的信徒，索尔特的夫人十分欣赏萧伯纳钢琴方面的才华，并且经常与萧伯纳举行钢琴二重奏，其乐融融。

这就是在夏绿蒂·潘旦馨1896年走进萧伯纳的生命中之前，萧伯纳所过着的婚前的家庭生活。这个年轻女士早就被父母送进了上流社会，甚至还曾经是都柏林城堡中追求者之间以及伦敦上流社会婚姻市场中的竞争目标。然而这些公子哥们最终都没能如愿，这主要是因为这个叫夏绿蒂·潘旦馨的年轻女性也是一个叛逆者，也是一个讨厌上流社会的社交、怀疑宗教的人。经过姑母的介绍，夏绿蒂·潘旦馨认识了韦布夫人，这时的韦布夫妇正打算用他们不怎么充裕的资金创办“伦敦经济学校”，潘旦馨女士慷慨解囊，增强了韦布夫妇的经济实力，如此一来，潘旦馨与韦布夫妇建立了深厚的友谊关系。

没过多久，潘旦馨便与韦布夫妇一同到萨福克的斯特拉特福·圣安得鲁斯的教区长的住宅中度假，当他们来到目的地的时候，萧伯纳已然住在那里了。刚开始，许多志同道合的人都住在那里，萧伯纳也只不过是其中的一位罢了。当然，当时住在那里的人来去不定，有些人今天来了，明天就走了，而萧伯纳则总是住在那里。韦布夫妇一边忙着他们的巨著，一边忙着感情上的恩恩爱爱，自然是无暇顾及潘旦馨和萧伯纳了，如此一来，萧伯纳和潘旦馨便得到了充分娱乐的机会。

很快，萧伯纳便感觉自己要和潘旦馨恋爱了，这个时候，萧伯纳已经是一个40岁的男人了，事实上，他已经有过几次“风流韵事”了，也结交过几个女朋友，因而已经掌握了博得女人欢心的方法，而潘旦馨也曾经结交过几个让她感兴趣的男友，所以对这类事情还是能够应付自如的。

当萧伯纳在萨福克写完了剧本《难于预料》回到菲茨罗伊广场的时候，有空闲时间可以消磨的时候，他便会去阿德尔斐坊10号最上层的潘旦馨女士的住处。潘旦馨还为萧伯纳做义务秘书，并且参加他的工作，维持着他们之间的亲密关系。

那么，这两个人是否就因此走向组建家庭之路了呢？不是的，萧伯纳并不是一个适宜过结婚生活的男子，在他的幻想生活中，他从来都不打算做丈夫或是父亲，甚至从来都没有做过儿子。当然，萧伯纳与母亲在菲茨罗伊广场生活时的被他自己认为的完美的关系肯定不能被他的妻子所容忍，然而，在结婚方面，萧伯纳的确在以范达勒尔·李做模范了，范达勒尔·李从来都没有想过自己是一个结婚的人，对于结婚的看法，萧伯纳喜欢援引尼采的话："结了婚的哲学家是可笑的。"

在萧伯纳的戏剧中，我们也能找到其对婚姻的看法，在《人与超人》中，坦纳在成为安的爱情俘虏的过程中做出的最后一次反抗时，表现出了对婚姻强烈的厌恶情绪，事实上，这也是萧伯纳自己的写照，如果他自己没有厌恶结婚的想法或者感觉，那么在他的作品中也是不可能出现有这种想法的人物的。

萧伯纳在交往方面与他那害羞腼腆的性格是不同的，他经常会与他认为合格的女士建立友谊关系，然而当某位女士与萧伯纳谈有关生活的问题与愿望的时候，萧伯纳通常会在第一时间借故离开，原因很简单，萧伯纳不想与某位女士有家庭生活，即使是随便聊天都不行。

事实上，潘旦馨那个时候也不是一个想拥有家庭生活的人，她是一个坚定的女权主义者，她反抗建立家庭并且小心翼翼地维护着自己的独立，面对那些都柏林城堡的追求者的进攻，潘旦馨不闻不问，并且准备向传统挑战：可以交往，拒绝结婚。如此一来，她似乎和萧伯纳属于同一战线，在旁人看来，萧伯纳和潘旦馨这样一对男女的结合肯定会无限期地持续下去，而且彼此的自由也不会受到干扰。

事情总不会是人们想象的那样，在萧伯纳与韦布夫妇到梦摩斯度过第二次秋假之后，韦布夫妇便出国进行世界旅行了。韦布夫妇没走多久，萧伯纳的健康状况急转直下，由于长期的过度工作，使得他的身体日益衰弱，因而，他的足背生了脓疮，当他不得不去医院的时候，得到的结果是：骨头坏死。但是伤势并不是很厉害，只需休养及简单治疗。

然而，患病的萧伯纳让潘旦馨遇到了一个问题，那就是她必须破例第一次去菲茨罗伊广场萧伯纳的住处探病。到了地方以后，萧伯纳母子的家庭关系让她极为吃惊，因为她平日里所能看到的为照顾病人所采取的措施在这里完全看不到，没有嘘寒问暖的照顾，更没有贴心的搀扶守候，萧伯纳的母亲对萧伯纳的病几乎是漠不关心的。再者，萧伯纳的小书房里十分杂乱，杂役女仆将半热不冷的鸡蛋随意放在萧伯纳能够拿到的地方，这些地方基本都是布满灰尘的纸堆。另外，萧伯纳破产的舅舅衣衫褴褛地用着爱尔兰绅士的腔调与潘旦馨谈话，并且对萧伯纳的病大开玩笑。总之，潘旦馨眼前看到的与她之前心中所想象的美观整洁完全没有关系。

潘旦馨认为，这种局面只会有一种结果，那就是病人因为被人漠视而迅速死亡，她当然不能让这种事情发生。因而，她立即在萨里郡的欣德赫德租了一个房子，打算让萧伯纳搬到这个干净、整洁的住所进行疗养。萧伯纳的母亲一点儿都没有反对，母子二人的“完美关系”使得萧伯纳无论是到韦布夫妇家或者是索尔特夫妇家，甚至是一个未婚女子的家中，都与母亲完全没有关系，再者，自己的儿子总是到这一家或者是那一家住的，只要有人能把他带到别处让他比在自己家中得到更周到的照顾，做母亲的自然是不会反对的。

潘旦馨在做这些不至于让萧伯纳迅速死亡的事的时候，忽略了萧伯纳的传统观念，萧伯纳一向是很谨慎的，他绝对不容许自己做出任何妨害潘旦馨声誉的事情。对于使潘旦馨感到惊骇的生活，在他看来是再平常不过的了，他甚至可以在菲茨罗伊广场的住所过着猪一样的生活，或者死都无妨。当然，萧伯纳这个时候有死的想法并不是因为足部受伤，也不是因为遭受任何打击，他的想法和他的生活环境一样使人惊骇，他认为，莫扎特、拉斐尔、席勒都是到了他的这个年纪死去的，如果他不能像他们这样早亡，就应该像歌德一样，在一场大病之后活下去。总之，不能因为自己的缘故而伤害到任何一个女人的尊严。

对于萧伯纳的这些想法，潘旦馨坚决反对，并且坚决要求萧伯纳去欣德赫德疗养，以便受到适当的照顾与补养。由此，一种不可抵抗的力量碰到了一个不可动摇的障碍了，这个不可动摇的障碍是个女人，而那不可抵抗的力量是一个男子。因而，这个男子不得不谋求此事的解决办法了，他知道这个不可动摇的障碍是何等的坚定。

躺在床上的萧伯纳对潘旦馨说："你去买一枚戒指和一张结婚证书来吧。"

由此，萧伯纳在一个星期内变成了结婚的男子，而潘旦馨女士也成了结了婚的女人。当韦布夫妇环球之旅结束归来的时候，惊讶地发现这对男女已经在欣德赫德安顿了下来。

萧伯纳就这样结婚了，不再是一个行动自由的人，并且变成了一个住在城里的乡绅。码头的大门口、郊区的公用草地、街角的售货摊、市场的广场等地方再也看不见萧伯纳的身影了。

佛兰克·赫里斯就结婚问题问萧伯纳："人们结婚的原因有两

种，一种是为了金钱，一种是为了爱情，你属于哪一种呢？”

萧伯纳回答说：“你说的这两者都不是我的目的，我们结婚了，是因为彼此都感觉到对方是必不可少的人。”

当两人去登记处登记的时候，萧伯纳还是病得很厉害，拄着拐杖，穿着一件腋窝被拐杖擦破的短上衣，证婚人是亨利·索尔额和格雷厄姆·华莱士。萧伯纳回忆自己结婚时的情景时说道：“他们两位证婚人为庆祝这个良辰吉日，穿上了他们最好的衣服，登记处处长显然想不到我是新郎，他把我当做办完婚礼手续之后通常都会出现的乞丐，华莱士以华丽的服饰代替了我的新郎地位，处长沉着镇定地将我的未婚妻嫁给了他，在这个时候，华莱士认为这种做法似乎让他超越了证婚人的职权，便在最后一刻犹豫了一下，将我的新娘还给了我。”

结婚之后，萧伯纳的处境变得很困难，因为他有着菲茨罗伊寓所根深蒂固的生活习惯，所以他一定要像尊重他母亲的独立生活那样去谨慎地尊重妻子的独立生活。当然，他并不明白一个有纪律的家庭为何物，必然会产生偶尔在不伤害妻子感情的情况下逃脱家庭生活的想法。对于丈夫的这些想法，潘旦馨没有反对，在离婚盛行的年代中，他们的婚姻并未因此受到丝毫的影响。

潘旦馨知道丈夫是一个有着独立性的艺术家，应该有着绝对的自由，因而，在舒适的家庭和有保证收入的情况下，成功的可能性是很大的。事实上，虽然萧伯纳在很早的时候就已经种下了成功的果子，但是成功的果实是他在结婚之后才获得的。这离不开潘旦馨在工作上对萧伯纳的帮助。

在潘旦馨后来编制的《萧伯纳作品精选集》中的许多不能在萧

伯纳的出版作品中找到的东西就可以看出，两人的家庭生活并不像萧伯纳与母亲住在菲茨罗伊寓所时那样，因为其中有许多萧伯纳所说的话以及对事物的各种看法，这证明萧伯纳和潘旦馨之间是有交流的。

潘旦馨对萧伯纳抱着一种"独占"的态度，在提到萧伯纳的时候，不是说"这位天才"就是说"我的丈夫"。但是她不喜欢像丈夫那样在大庭广众之下出风头，相比之下，潘旦馨更愿意在他们俩的伦敦寓所较为安静的环境中生活。

事实上，即使婚后萧伯纳依然没有改变在菲茨罗伊寓所的生活习惯，然而对妻子夏绿蒂·潘旦馨的兴趣还是远远大于其他的，并且也将井井有条的家庭视为最重要的，无论什么事，他都不愿让夏绿蒂·潘旦馨等候着自己，哪怕是10分钟。严格意义上说，萧伯纳并没有被婚姻或是家庭生活所影响，只是他不敢想象，没有了潘旦馨的时候，自己该怎么办。

萧伯纳的成功，同萧夫人给他的生活上与事业上的帮助是分不开的。萧夫人不仅是一个善良贤惠的好妻子，她还具有相当的文学素养。早在与萧伯纳结婚之前，她就曾经把法国戏剧家尤金·白里欧的包括《母性》在内的三个剧本翻译成英文，编成一本书。她的译作相当成功，在美国特别畅销。后来，萧伯纳还为她的书写过序言。而且萧夫人还编过一本《萧伯纳作品精选集》，其中有些东西是在萧伯纳的其他出版物中找不到的。有这么一位道德和文化修养都很高的妻子，再加上萧伯纳自己的才华与胆识，萧伯纳的成功是注定的、必然的。

尽管萧夫人才貌出众，又是丈夫的得力助手，但是她却不喜欢抛头露面，而愿意退居幕后，默默地奉献。她不愿意在大庭广众面前、在公共场合接受采访，也不愿意让摄影记者为她拍照，她更喜欢待在自己安静的寓所里过舒心的日子。萧伯纳所热衷的集会和演讲，她都很少参加。不过，婚后的萧伯纳参加社会活动的次数也明显少了起来。

萧伯纳虽然对文艺创作和社会政治活动都有着非同一般的热情，但这并不妨害家庭在他心目中的地位。这时的家可不再像以前那样让他觉得无所谓了，他格外珍视这个家庭，爱护他的妻子，萧伯纳夫妇二人相依为命，共同携手度过了四十几个春秋，直到1943年萧夫人先他而去。萧夫人的病逝对垂垂暮年的萧伯纳来说实在是一个沉重的打击，此后的萧伯纳倍感孤独、寂寞，不得不一个人走完他漫漫人生中的最后7年。

萧夫人也的确是萧伯纳一生中最好的伴侣，她在萧伯纳一生中的地位是其他任何人都无法企及的，包括萧伯纳的父母和朋友。她有着与萧伯纳相同的社会政治思想和文学艺术爱好，而且对萧伯纳始终抱着十分欣赏的态度。每当提起丈夫时总是骄傲地称他为“这位天才”，得意之色溢于言表。她还是萧伯纳作品的忠实读者，是萧伯纳戏剧的忠实观众。每当有萧伯纳的戏剧要演出时，她总是和丈夫一同坐在作者包厢里品味、鉴赏。在家时，她又充分利用有利的条件阅读萧伯纳的作品，而且还编写了一部《萧伯纳作品精选集》，保存了一些萧伯纳著述中难得的材料。在萧伯纳创作的五十多部戏剧中，萧夫人始终钟爱的要数《凯撒和克莉奥佩特拉》这部杰作了。

萧伯纳没有子女，一直与妻子过着舒适的二人生活。他们两人有着丰厚的财产，作为剧作家的萧伯纳的收入是同时期其他文人望尘莫及的，而妻子夏绿蒂·潘旦馨又原是富家之女，二人本可以过非常奢侈、享乐的生活，但萧伯纳却从没有满足于已有的成就，急于享受。他还一直醉心于戏剧创作以及其他一些社会活动，他曾经这样说过；“我忙得不可开交，来不及享受花钱的乐趣，我现在的钱超过我生活的需要，而我过去什么钱也没有；对我来说，在享受人生的乐趣方面，有钱和没钱的差别是微乎其微的，在我这样一种人看来，金钱就是安全和免除小苛政的工具：假使社会能给我这两件东西，我就要将我的钱抛到窗外去，因为保留金钱是很麻烦的事情，又会吸引寄生虫，并且会招来人们的忌恨。”这是萧伯纳在给朋友的信中提到过的一段话，从中可以看出他在饱尝贫困之苦以后，虽然终身痛恨贫穷，但却从未把金钱看得很重要，也从来没有过要及时行乐的思想，而是始终过着比较俭朴、忙碌的生活。

顺便说一下，萧伯纳夫妇虽然生活相当富裕，正如萧伯纳自己说的那样，他的钱已经超出了他的生活需要，然而，他却厌恶施舍和乐善好施的行为，以及那些以恩人自居的态度。

萧伯纳曾说：“当我不得不在经济上帮助人家的时候，我痛恨他们正如他们痛恨我一样。”

他之所以这样厌恶这种慈善行为，是因为他认为穷人唯一的难处就是贫穷，生产和交换的社会化就可以使社会上的穷人从人数最多的阶级变成个别的例外。但我们却不能因此就认为萧伯纳吝啬钱财或者麻木不仁，事实上他是很慷慨大方，而且为人慈善的。后来在他得到诺贝尔文学奖时，决定“只接受荣誉而不接受奖金”，将8000英镑转赠给了瑞典的穷作家们。

从这件事上我们就可以看出，萧伯纳并不是吝啬鬼或硬心肠，他只是担心如果自己善良的名声传播开来，那么到每次度假的时候，就会到处有人伸手向他要钱。而且他憎恶那些假仁假义的慈善行为和那些虚伪的“补偿贫穷”的空想计划，他要实践的是他自己的关于贫穷问题的信念和社会主义信条，不管他最终做得如何，但他的初衷却是这样的。因此这位伟大的文坛大富翁一直与妻子过着优裕舒适的生活，但却从来不愿意拿出一个便士去帮助受伤的码头工人，甚至不愿意捐款去资助医院，成了世界上少有的这么无条件地谴责施舍行为和慈善事业的名人。

有一次他曾给一位慈善家写信说：“如果你喜欢赈济穷人，我可以把几位家长的姓名和住址告诉你，不管你剩余的财产数量多么大，他们都可以全数照收的。假使你为了赈济他们的缘故而变成穷人，你就可以在现有的庞大穷人队伍里增加一个穷户，同时竭尽全力为那一份使现有社会制度永存下去的赎金提供捐款。你一生就可以得到莫大的安慰，因为你觉得你在道德上已经比主教们以及其他言行不一致的基督徒更高超了。而且你从今以后不至于因为没有朋友而感到苦闷。死尸所在之地，即鹰隼群聚之处。你不是窃贼，只是一个该死的傻瓜。一个月的经验就会把你医好了。”

从这封令收信人勃然大怒的信中我们可以看出萧伯纳关于慈善事业的某些看法，因而也就不会为他的行为举动而奇怪了。

萧伯纳夫妇的生活中，运动也是一个不可缺少的项目。萧伯纳平时就很注意锻炼身体，喜欢参加户外活动，散步、游泳、骑摩托车、开汽车都是他钟爱的健身活动。而妻子夏绿蒂·潘旦馨又特别喜欢外出旅游，二人曾多次一同出游过许多国家和地区，体验各种不同的风土人情。在1932年12月，二位老人还搭乘“不列颠皇后号”邮船来了一次环球旅行，这次旅行给他们带来了不少乐趣。旅行中，萧伯纳也没有停止自己的戏剧创作，而且他还从旅途中积累了不少生动的素材，丰富了后来创作的人物形象以及故事情节。创作简直就是萧伯纳生命中的一部分，无论什么时候或者是什么条件都不可能减弱他的创作热情和创作冲动。

虽然萧伯纳没有子女，但他直到老年也并不孤独，因为他有萧夫人，有戏剧创作，有各类社会政治活动，还有游泳、开车等消遣活动。他鄙视那些以生育作为目的的婚姻，而认为男女双方的结合需要的是伴侣和友谊。他和夏绿蒂·潘旦馨就是这样才走到一起，作了四十几年的夫妻和“伴侣”。在这方面，他和妻子的看法又一次不约而同了。因此二人才在长期的共同生活中，一直志趣相投，感情很好，他们的日子也过得很舒心。特别在萧伯纳老年以后，父母和姐妹们早已不在人世，最好的几个朋友也相继作古，他要参加的社会活动也逐渐减少，这时萧夫人成了他时刻不可分离的伴侣，两人一同栽花种草，一同外出旅行，相依为命，悠闲度日，成了让人羡慕的长寿夫妻。

萧伯纳直到42岁才迎来的这一完满的婚姻，在1943年因萧夫人的早逝而结束。夏绿蒂·潘旦馨逝世时享年86岁，而萧伯纳也已是风烛残年，失去这样一位好妻子对他影响很大。此后人们看到的只是一位老人瘦削、孤独的身影，他所剩下的唯一排遣寂寞的方式就只能是戏剧创作了。

5. 朋友们

萧伯纳的朋友们当然也是文艺界的人士，然而，萧伯纳自己却在有意避开文艺团体，这是为什么？据说，萧伯纳刚到伦敦的时候，与一个朋友在赛维尔文艺俱乐部午餐的时候，听到其他的文艺人士互相标榜之后，就决定以后避免和文艺界人士相会和交往。当然，萧伯纳不仅不加入文艺团体，也不加入其他任何集团性质的团体，因而，在俱乐部聚会或者在家中举行茶会的文艺人士中，都见不到萧伯纳的身影。通常情况下，萧伯纳不在外面进晚餐，不进行社交走访，甚至不做诸如骑马、打猎、划船、打网球等一切能够使他与经济地位相同的人互相接触的所有事宜。

如此一来，与萧伯纳做朋友似乎是很难的事情，也不尽然，否则他就不会有锡尼·韦布或是佛兰克·赫里斯这样的挚友。然而，提起萧伯纳的朋友，似乎与常人的朋友不同，也许不会过分火热，但一定会相互抨击，萧伯纳认为这种斗争中的友谊是最值得珍惜的，他对朋友的抨击十分欢迎，尤其是威尔斯，经常会大发脾气，把他抨击得体无完肤，而这丝毫不影响萧伯纳那种恼人的耐心。

萧伯纳与奥斯卡·王尔德的友谊，就是建立在“斗争”中的，萧伯纳与奥斯卡·王尔德见面不到10次，然而彼此却是十分了解的，两人所追求的东西是同样的，也都采用同样的自我宣传的方法去达到他们的目的。

奥斯卡 · 王尔德的父亲威廉 · 王尔德爵士曾经为萧伯纳的父亲乔治 · 卡尔 · 萧的斜视动过手术，当然，威廉爵士的手术并没有使乔治 · 卡尔 · 萧的眼睛与正常人的眼睛一样，而是永远地向着另一个方向斜去。

后来，奥斯卡 · 王尔德因为在伦敦的某处听到过萧伯纳姐姐的美妙歌声而对其颇为爱慕，因此，在萧伯纳的小说没有受到认可的在伦敦的落魄的时期，王尔德的母亲常常邀请萧伯纳到家中做客，萧伯纳与奥斯卡 · 王尔德第一次见面就是在王尔德母亲邀请萧伯纳到家中做客时。

萧伯纳与奥斯卡 · 王尔德彼此十分客气，甚至有些见外，这种情况并没有因为两人相识的时间增长而改变，一直到两人的最后一次见面，他们始终都保持着这种拘谨的交往态度。

这样的两人之间会有怎样的联系呢？他们的联系应该起源于萧伯纳的一次关于社会主义的演讲，听了萧伯纳的这次演讲，奥斯卡 · 王尔德激动万分，并且写成了《社会主义下的人类灵魂》一文，萧伯纳得知此事后，十分得意。

奥斯卡 · 王尔德对萧伯纳产生的影响源于一次在切尔西的展览会上，这个展览会上展出的都是两人眼中的极其幼稚的作品。因此，两人的这次见面相比其他几次显得有趣一些，也显得真诚一些，奥斯卡 · 王尔德在参观展览中充当讲故事者，而萧伯纳则成为了故事的倾听者，自己并不用说话，结果是，故事的倾听者十分欣赏眼前这个人在讲故事方面的擅长。

让萧伯纳记忆深刻的见面除了在展览会上的较为愉快，还有那次奥斯卡 · 王尔德被判处之前的局促不安。那是在奥斯卡 · 王尔德家餐馆，奥斯卡·王尔德即将面对与昆斯伯里伯爵的案件的开庭审讯，当时，萧伯纳、佛兰克·赫里斯以及他的一些其他的朋友都劝他暂且逃到法国去，因为面对着势力强大的昆斯伯里伯爵，奥斯卡·王尔德完全没有胜诉的希望。他没有听劝，萧伯纳并没有因为紧张的情势而停止自己的言论，他首先把奥斯卡·王尔德早期的剧本赞扬一番，然后在对他的《认真是重要的》大加批评，并且说这是一个冷酷无情的剧本，还认为这个剧本中的弱点说明了王尔德当时的堕落行为导致了其在创作上的真正的没落。即便如此，王尔德也没有表示异议，静静地聆听着，他似乎想要说什么，最终也没有说出来，当然，当王尔德想说的时候，他已经因为昆斯伯里事件入狱了。

萧伯纳在奥斯卡·王尔德被捕入狱的第一时间，萧伯纳便给司法机关写了一份请求书，请求司法机关释放王尔德，当然，这份请求书没能起到作用，王尔德还是开始了他的囚徒生活。

在狱中度过了没有人性的一大半刑狱生活之后，奥斯卡·王尔德的身体已经极度虚弱了。此时，佛兰克·赫里斯东奔西跑，只希望王尔德能够提前释放，监狱委员会表示，如果有10个以上的文人愿意在请求书上签名，就会请求女王赦免王尔德没有服完的徒刑。佛兰克·赫里斯便四处请求文人在请求书上签名，可是谁都不肯。尽管赫里斯为此做过多次努力，依然未能成功，无奈之下的赫里斯只好找到了萧伯纳，本以为萧伯纳肯定会在请求书上签名，然而萧伯纳的回应却让赫里斯大为意外。

萧伯纳摇摇头说："我不是适当的人物，你还是去找一些体面的人签名吧！"

赫里斯起初不明白在王尔德被捕的第一时间就与自己做同样事情的萧伯纳怎么会在此时是这个态度，仔细想想后，赫里斯认为，萧伯纳之所以不在请求书上签字是因为之前他自己的请求书丝毫没有起到作用。

当王尔德出狱后逃亡到巴黎时，萧伯纳只要有出版作品，总会想方设法送给他一本有自己签名的。同时，王尔德有了自己的出版物也会签上自己的名字送给萧伯纳一本。他们两人的这种举动被朋友们称道，也被其他的人当成是小丑。

萧伯纳和王尔德两人都认为自己不只是会舞文弄墨的人，在关键时刻也能产生较大的影响，当然，这“较大的影响”通常没有实际作用。当芝加哥的无政府主义者被判死刑时，萧伯纳起草了一份请求书，请求释放这些被监禁的人。在漫长的寻找签名者之路中，肯在萧伯纳这份请求书中签名的只有一个人，那就是王尔德，因此，王尔德获得了萧伯纳的敬重。

即便如此，萧伯纳对王尔德平日里对朋友的钱财所表现出来的漠不关心尤为痛恨，更为看不惯他随便挪用朋友的钱财，因为萧伯纳无论如何都不会这么做的。

除了王尔德之外，萧伯纳还有一个不得不提的朋友，那就是之前多次提到的佛兰克 · 赫里斯，萧伯纳与他的友谊似乎更为有趣，因为与王尔德相比，佛兰克 · 赫里斯更喜欢与萧伯纳作对。

萧伯纳曾公开说赫里斯是一个彻头彻尾的暴徒，赫里斯起初十分生气，当他知道萧伯纳这么说他是因为对他的敬意之后，他对萧伯纳也产生了敬意，并给萧伯纳写了一封长长的信，这似乎是两人友谊的见证。

萧伯纳和佛兰克·赫里斯在写作和说话方面完全不同，萧伯纳总是以遵守清教徒的传统观念对待写作或是说话，而赫里斯则十分讨厌拘谨的写作态度。在他看来，萧伯纳那种拘谨的写作态度是一种束缚精神、败坏文学的态度，赫里斯想要恢复法兰西或者是伊丽莎白时代的高雅的写作传统。另外，他还坚信现代的科学精神会将萧伯纳那种不健康的、荒谬可笑的束缚和限制扫除得一干二净，这一点，是萧伯纳和佛兰克·赫里斯最大的差异。

在萧伯纳看来，赫里斯是个名副其实的怪物，不适合在“上流社会”生存，原因是言辞过于坦白，思想过于直率。而在佛兰克·赫里斯眼中，萧伯纳是一个低级的暴徒，坦率的暴徒。

为此，赫里斯邀请萧伯纳到餐馆参加自己为推动《星期六评论》的工作而安排的午餐，试图纠正一下他的习惯。当然，这是无济于事的，因为萧伯纳去了几次之后，对那里的餐馆、服务员、价格、烹调极为感兴趣，但是又认为自己在这里吃的昂贵的通心面在别的地方花10个便士就能买到，而在这里吃高价的是一种浪费，赫里斯为他所吃的通心面买单也是一种浪费，他对浪费自己的钱和浪费别人的钱抱着同样的反对态度，这一点让佛兰克·赫里斯心生敬佩，毋庸置疑，这种想法不是每个人都有的。

自从此事之后，佛兰克·赫里斯特别希望别人也能像萧伯纳那样对他人体贴入微，虽然他认为萧伯纳的过于体贴与干涉别人的私事无异，曾经有个女主人说萧伯纳是个十分危险的人物，原因也是萧伯纳的过于体贴。这个女主人解释说：“你请他到你的家里，你原本以为他会用他那才华横溢的谈话来增加你的宾客的乐趣，然而，在你摸不着头脑的时候，他已经在替你的儿子选择学校，对你的饮食做出规定，并且还攫取你的家庭律师、女管家、牧师、医生、理发师等一切特权，甚至还代你做出遗嘱。当他与在场的所有人谈完话之后，他就煽动孩子们造反，当他实在找不出什么事情好做的时候，他便拍屁股走人，把你忘得一干二净。”

事实上，萧伯纳对社交的兴趣极低，所以想要他爱好社交活动是妄想，证据是赫里斯做过的许多的想要他喜欢社交的努力都以失败告终。当然，萧伯纳和赫里斯的友谊使得赫里斯有机会彻底地认识萧伯纳，赫里斯知道，如果没有什么特别重要的事情，萧伯纳从来不出门，更不进行社交往来，有的时候会破例拜访社会上名噪一时的人物，目的也只是与他们攀谈一番。

萧伯纳与他人的友谊总是从斗争中开始，要么是评论对战，要么就因为某种观点而相互抨击，展开论战，然而对萧伯纳来说，由这种方式开始的友谊是最具生命力的。

6. “我被她们追求了”

正像佛兰克·赫里斯所分析的那样，萧伯纳作为剧作家在塑造人物形象方面是相当突出的，再加上他的剧本中详细精密的舞台指导，更有利于演员在舞台上对角色的把握。因此，萧伯纳与一些演员保持着亲密的关系就是自然而然的事了。特别是在萧伯纳的一系列剧本引起轰动后，他便成了伦敦的一位众目关注的人物，甚至是许多崇拜他的女子追求的对象。萧伯纳自己也曾说过：“在我终于穿得起像样的服装时，我对女人和我发生恋爱这一回事，不久便觉得司空见惯了。我不需要去追求女人：我被她们追求了。”

萧伯纳与一些女演员关系甚密，保持了长期的通信往来。他与爱兰·黛丽就曾在19世纪90年代通过大约250封信。后来，这些书信的结集出版，为后人研究萧伯纳以及他的戏剧思想和观点、他与演员的关系等提供了宝贵的资料。但是，书信集中所收的大量热情而亲密的通信中，有很大一部分是在他们俩没有见面之前所写的。这倒使一些认为他们的书信是“轻佻的情书”的谣言不攻自破。

萧伯纳自己曾说：“至于与女演员的私人关系，职业上亲热的‘志同道合，气味相投’的现象，在公众的眼中很难避免产生荒谬可笑的误解，这和情感在舞台脚光灯的两边并不完全相同。”

说到他与爱兰·黛丽的关系时，他说：“我们彼此的寓所虽然距离很近，只要付出一先令的马车费便可以来往，但是我们从来就不曾私下秘密会过面。我唯一有一次接触过她，那是在《布拉斯庞德上尉的转变》一剧演出的第一夜，我在仪式上吻她的手。”

萧伯纳说，《布拉斯庞德上尉的转变》一剧是特地为爱兰·黛丽而写的，萧伯纳要重新创造她性格上高尚的特点，向她心中的智慧呼吁理解欧洲及整个世界的形势，唤起人们注意人性的善良方面。萧伯纳之所以描绘“世界上的”黛丽肖像，是为了指出暴力与人类善良本性的冲突，并表明“单纯道德上的优越性的感觉”。

萧伯纳与爱兰·黛丽的确是无话不谈的好朋友，甚至萧伯纳也和她谈起自己与潘旦馨女士的恋爱与婚姻，他也曾与爱兰·黛丽在书信中提起，由此可见，两个人关系之亲密程度。

除了爱兰·黛丽外，女演员坎贝尔夫人也曾一度与萧伯纳“维持着和《苹果车》里马格纳斯国王与奥林则雅差不多相同的亲密关系”。他们之间也有不少通信。但那个时候，坎贝尔夫人早已和他们俩的一个共同朋友订婚。而且据佛兰克·赫里斯所说，坎贝尔夫人“在他们恋爱的半途中跟另一个人结婚的时候，也正是萧伯纳和兰·黛丽通信的半途中与潘旦馨女士结婚的时候。”

萧伯纳自己也曾提起他与许多女演员有着深厚的友情。“我可以说，从爱兰·黛丽到伊迪丝·埃文斯，一切和我有过私人接触的著名女演员都曾把她们毫无保留的友谊给予我，由科林·坎贝尔夫人数起，我认识过许多著名的美人，而且是各有风姿的绝代佳人，但我们彼此的完整品格都不曾脱落一根毫毛。我在过去和现在始终是一个不可救药的好逑者，保存了我们这一代的爱尔兰人老式的一点风流姿态，但是你数不出10个能使我完全满意的女人。我比较不重视这些事情，还是其他的事情更有持久的价值。”

当社会上频频用“违警罪法庭”对待女演员，干涉她们的私生活时，萧伯纳总是提出抗议，认为这是对女演员的歧视。他曾说，她们也是人，就人类而言“各有不同”。他甚至说过：有些女人假使是男人的话，一定会成为红衣主教、王国法律顾问，或者大使，她们在舞台上会比男人获得更多的报酬，并且同他们一样获得绝对平等的机会和尊敬。而且他觉得除个别情况外，男演员是男人最低下的职业，而女主角则是女性的职业中最高尚的职业。

有人要出版他与爱兰·黛丽的通信集时，他迟迟不肯同意，不愿意让秘密公开，害怕产生不良的后果。他觉得，那些“暗中窥探后台生活和了解其男女品德”的人，无论如何不应该把这类事情当做闲话来散布。而且他和女演员的关系是他们生前不能公开的职业上的秘密，后台所发生的事情绝对不应该在报刊上发表，演员应该有保持其舞台魅力的权利。有一次，萧伯纳说：“我所认识的所有伟大女演员无论在言谈或文字方面都可以使约翰生博士甘拜下风，弃戈而逃。其中有几个在后台比在舞台上还要伟大。但我不该公开地把她们当做谈话的资料。”

萧伯纳与女演员的关系虽然非常亲密，但却是建立在彼此尊重之上的友谊，是一个戏剧家与演员职业上的关系。当萧伯纳果真遇到一些女演员的追求时，他也会机智巧妙地解决问题。有关这类事情，曾经流传过这样一个故事。

曾有一个对自己的容貌和身段都相当自信的女明星，一心追求萧伯纳，要求和他结婚。她的理由是：“我有举世公认的美貌，你有世界闻名的智慧，如果我们俩结了婚，生出的小孩有像我一样美丽的容貌，像你一样聪明的头脑，岂不是天下第一流的人物吗？”

这位幽默的大师听了以后，笑了笑说：“那么，如果这个孩子的容貌像我，而头脑像你，那该如何是好？”

这位女明星听了之后，一时面红耳赤，说不出话来，萧伯纳就这样以一种幽默的回答婉拒了女明星的追求。

7. 战争中的萧伯纳

20世纪已经过了最初的10年，资本主义世界的总危机日益扩大和加深，帝国主义国家之间的矛盾越来越尖锐，战争的阴云笼罩着整个欧洲，显现出一派“山雨欲来风满楼”的景象。

向来关心社会生活的萧伯纳不可能对周围环境的变化没有丝毫的察觉。

他敏锐地观察到，当时的社会到处是“愚昧无知，冷酷无情，虚伪狡猾”，人们生活在一个动荡不定、行将毁灭的世界里，整日忧心忡忡、惶恐不安。萧伯纳已经预感到世界性的战争即将爆发，历史必然要变革。

因而，萧伯纳从1913年起，也就是第一次世界大战爆发前夕，就开始着手写剧本《伤心之家》，描写出一个“正在呻吟、毁灭的欧洲人的家”，预示着革命必然发生，战争不可避免。

《伤心之家》是萧伯纳花了3年时间才写成的优秀作品，是在战争时期完成的。整个剧本真实地反映了当时的社会状况，那个“伤心之家”就是战争时期欧洲的缩影。萧伯纳呕心沥血写成这一剧本，是要把现实社会的真实情景搬上舞台，帮助人们看清形势，推动历史向前发展。除了《伤心之家》外，这一时期萧伯纳还写了《获得维多和亚十字勋章的奥弗莱厄蒂》(1915)，《耶路撒冷的酋长》，《奥古斯都尽了本分》，《布尔什维克女王安娜扬斯卡》，这几部作品都收集在他的《战时杂剧集》中。

由此可见，萧伯纳在战争期间也并没有停止创作，他用他那支犀利的笔作为武器投入了战斗。但是萧伯纳却并不是始终一贯地反对战争的。

1914年，第一次世界大战爆发了。这是一场帝国主义国家之间的大决战。它的发生，促使第二国际分化，在费边社这样的社会主义团体中也对此展开了激烈的辩论，其中狭隘民族主义的“保卫祖国”的呼声占了绝对上风。萧伯纳的态度是折中骑墙的，他继续贯彻他对英国资产阶级的批评，指出英帝国主义对这次世界大战也应负有责任，但他却没有走上坚决反对战争的道路。

萧伯纳为了表明他对战争的态度，1914年就发表了一本《关于这次战争的常识》的小册子。他指出英国人在促成世界大战的过程中并不是无罪的。事实上，容克与军国主义不但德国有，英国也有，英国并不只是受着恶狼侵袭的无辜的羔羊，所有的参战国都是有罪过的，正如后来佛兰克·赫里斯所说的：“如果德国人手上的血最多，那么，其他的人手上也不是没有血迹的。”

萧伯纳认为英国的士兵应该憎恨自己本国的军国主义者，他甚至还认为交战双方的士兵都应该把自己的军官枪毙之后各自回家，在农村的就要收割庄稼，回城市的则要进行革命。为了使这些军国主义的士兵转变成为只是为了争取达到“高尚的目的”的自觉的义勇军，萧伯纳还提出了一系列并不现实的建议和施行方案，他甚至具体地谈到应该如何招募士兵，如何吸引他们加入职工会等等。

由于《关于这次战争的常识》中对英帝国主义的揭露与抨击，使他成了德国人的宣传材料，同时又遭到英国社会反动集团的攻击。由此，萧伯纳也背上了不爱国的、亲德的社会主义者的罪名，他甚至被一些画家描绘成一只在尾巴上系着一个铁十字架的爱尔兰猎犬与德国牧羊犬的混合种。

尽管萧伯纳的一些公开言论使他成了许多英格兰人眼里的敌人，但“事实上他是‘没有危险性’的，英国政府也始终知道他拥有危险性。”

就像佛兰克·赫里斯所说的，萧伯纳在1914年以前一定是已经知道了一些英国政治的内幕，“不过，我认为萧并没有利用这种消息去破坏整个卑鄙恶劣的勾当，从而使世界走近完全毁灭的境地，或者走近真正和平的大道。他在这里妥协了，正如我已经指出的，他在他的剧本里妥协了，我的意思不是说他是一条放在苏格兰方格花纹呢上的变色龙，为了要使自己的皮色与背景相配，弄得不知怎么办才好。可是我却想使世人知道，他变色变得太容易了，他不但变成拥护协约国的人，而且也成为英国国民军的一分子，命令陆军部和前线的将军们可以安心作战。”

萧伯纳自己声称他从来不曾攻击过英国政府，而且认为英国政府也完全知道他是站在政府一边的，所以不管他发表什么文章或谈话，总不必担心政府把他关进监牢。他在第一次世界大战发生的4年内所受到的烦扰并不比其他平民所受到的烦扰更大。

萧伯纳是个“无论在战争中或者在屠夫的后院里都憎恨战争”的人。他后来写的一些戏剧作品及政论集，对于毁灭性的第一次世界大战以及战后资产阶级文明的未来命运的描写和揭示都渗透着悲观的成分。他生动具体地描绘出第一次世界大战中无数人丧失了生命，不知多少地方成为一片废墟，并且毫不留情地讽刺讥笑那些由于眼光狭窄而冒险，以致蒙受损失的人，嘲讽那些煽起反对苏维埃社会主义的狂热分子。萧伯纳深刻地体会到这次战争是帝国主义国家之间的非正义的战争。但是他却并没有因此而坚决反对战争。他曾这样写道：“老实说，如果没有一支强有力的海陆军，和一种非常敏感的民族爱国意识，我自己决不愿意乘船驶到社会主义的深海。”

萧伯纳言论常常互相矛盾、摇摆不定。对此，佛兰克·赫里斯这样说：“萧又崇奉一种社会主义信条，其目的在于消灭一切国家的疆界和民族的感情。其战斗的口号是：全世界无产者，联合起来！”“在这之后，萧和任何一个爱国人士一样，要么站在这个作战部队一边，要么站在那个作战部队一边。这并不是什么稀奇古怪的事。他在和平时期是个费边主义者、社会主义者。但在战争爆发——或者即将爆发——的时刻，他就忘掉他的和平哲学了。”

在佛兰克·赫里斯看来，萧伯纳“充满着人类的慈善感情。但萧却和屠格涅夫作品中的虚无主义的主人公一样，正当世界上或者他的剧本里出现一种生死攸关的危急局势、需要他果断实践他的革命信条的时候，他失败了。”

萧伯纳确实有一颗慈善的心，他对“毫无用处”的战争深恶痛绝，认为自己有必要把战争的本质、真相揭示出来，以减少人们不必要的牺牲。在他的名作《伤心之家》的序言里，他发表了这样的看法：“战争不能忍受喜剧的严厉鞭挞，那种闪烁于舞台上的无情嘲笑的光芒的严厉鞭挞。人们正在英勇地为国捐躯，这不是把真话告诉他们的情人、妻子、父亲和母亲的时候，不能说他们怎样为一些笨蛋的重大错误而牺牲，为资本家的贪婪而牺牲，为征服者的野心而牺牲，为蛊惑民心的政客的竞选活动而牺牲，为爱国者的伪善而牺牲，为贪欲、谎言、深仇宿怨、残忍好杀而牺牲。这些家伙爱好战争，因为战争把监禁他们的牢门打开，而让他们坐在有权势、有声望的宝座上。因为如果我们不把这些真相毫不留情地揭露出来，那么，就像在舞台上一样，真相就会隐藏于理想主义的帷幕里，正如它们隐藏在现实生活中那样。”

他还曾说过这样的话：“我们虽然有过一两次自由主义革命，

但是我再也不能满足于虚构的道德和虚构的善行。这种虚构的道德和虚构的善行以虚构的光荣去粉饰劫掠，饥饿和疾病、罪恶、酗酒、战争、残酷、贪婪以及文明的其他一切平凡的事物；这些文明的平凡事物把人们赶进剧院，使他们从事愚蠢的矫饰，将这些事物说成是进步、科学、道德、宗教、爱国心、帝国的优越、民族的伟大以及报纸上用以称呼它们的其他美名。”

在第一次世界大战期间，萧伯纳发表了不少关于反对战争的言论，表明他和平的立场。他高举国际主义旗帜，极力谴责战争给普通百姓带来的痛苦和伤害。

我们知道，萧伯纳正处在第一次世界大战中安全可靠的一边。而这一边，正是他“告诫过我们的爱国志士”应该反对的一边，同时还强调指出：罗伯茨勋爵和丘吉尔先生的军国主义道德恰恰与德国军阀和军国主义道德一个样。

由此看来，萧伯纳既反对战争，又立身于战争中安全可靠的一边，为此，佛兰克·赫里斯说：“一个健全而有理性的人难道能在两者之间作出选择吗？爱好和平的费边主义者更不必说了。也许我是守旧的。萧能把不可分的东西分开，从而使弯曲的圆圈变成四方形，这也许是他的天才的标志吧”，“萧能在两个目的相同的恶棍的吵架中，选择对的一边而加以拥护，我没有这种才干。所以，我觉得我在第一次世界大战期间不得不攻击萧伯纳和他的立场。当时我在纽约出版一份叫做《比亚生》的杂志。这份杂志虽然不断地受到美国政府的狙击和中伤，但我仍然在1919年3月份那一期上揭露萧的态度的虚伪，以及他的许多错误的言论，萧以为自己一向是努力在向人民大众指出战争的罪恶、愚蠢和无耻的。他根据这种题材写了许多小册子、长篇论文和剧本，当然是在和平时期。但在1914年，当严重的时刻来临，需要真诚的人站出来说话的时候，萧把他的真正的意见隐藏起来了。”

当萧伯纳揭露所谓“战必止战”的骗人言论之后说：“我在斯徒尔桥做了一次支持已故玛丽·麦克阿瑟的演讲之后，一个士兵对我说：‘如果我在1914年了解到这些情况的话，他们就别想让我穿上军装了。’我答道：‘那正是我在1914年不想把这些情况告诉你的原因。’”

所以佛兰克·赫里斯认为萧伯纳扮演了“战争的吹鼓手和督战陆军军士的角色”，而且他还援引萧伯纳自己的话来支持他的观点：“每当人家请我在大战期间做点儿文艺工作来帮助政府当局的时候，我总把工作做得使那些提出请求的人心满意足。”

事实上，那本《关于这次战争的常识》的小册子，也“只不过是用萧伯纳式的最佳姿态，向军国主义者发出的片面呼吁罢了。”当有人问萧伯纳他呼吁的效果如何，他诚实而无奈地答道：“除了卖出75000册之外，没有什么成绩。”虽然作者是为了给美国人阅读而写的，初衷是否认发动战争的一切借口，指出必须毁灭日耳曼帝国主义的真实原因。

萧伯纳就是这样一般地反对战争，但并不坚决有力，并不彻底。不过，他对战争的后果看得十分清楚，认为战争是“毫无用处”的、是有害而无益的。当有人问他，第一次世界大战是否给人类带来福利时，他这样回答：

“你认为旧金山大地震的影响大体上给加利福尼亚州带来福利吗？那次大地震除了杀死许多逃不掉的人之外，证明钢铁骨架的摩天楼的稳固，同时震倒了许多破烂和不合卫生的建筑物。第一次世界大战震倒了沙皇帝国，一个无法以言语形容的可恶对象，同时也消灭新的日耳曼帝国，和在罗马教皇势力下的奥地利帝国。然而，如果我们仅仅依靠可怖的灾难的偶然结果以求改革，那么，人类还有什么希望呢？世界大战是一场恐怖，大家的处境都因为战争而变得更加恶劣，至于那些目光短浅的自私自利的人，那些甚至从战争得到利益的，是不在此列的。”

对于战争的最终结局，萧伯纳非常相信条约的作用，他在《圣女贞德》里就曾说过，“一项完善的条约就等于10场战斗。”

当然，萧伯纳关心的是和约所能建立起来的良好的原则，而不仅仅是表面上的和约的签订。他曾形象地打比方说：“当一群豺狼联合起来杀死一匹马的时候，马的死亡只能使它们为了占有这最精美的食品而互相争斗。人类如果没有更好的原则，是不会比豺狼更优越的。因此我们觉得停战与签订和约，结果只是使我们卷入为准备下一次战争的军备竞赛罢了。”

当萧伯纳深刻地认识到这一点的时候，他又开始主张组织一个“国际联盟”。他认为，“如果外交家取得胜利，那么‘力量均势’的斗争就会继续下去，他们所谈判的和平仅仅是几个回合之间的间歇罢了。”

但是第一次世界大战却产生了出乎意料的结果——俄国苏维埃社会主义革命的胜利，世界上第一个社会主义国家建立了。对此，萧伯纳非常高兴，他曾写信给佛兰克·赫里斯说：

“亲爱的佛兰克·赫里斯，——从俄国传来了好消息，可不是吗？这不是参战国所期望的事，犹如俾斯麦不愿使法国在1870年成为共和国一样。但是上帝用种种方法去完成他的工作。他已暗中为我们做了安排，这大概不是什么令人惊异的事吧。”

萧伯纳对社会主义革命一直抱着同情的、欢迎的态度，在他对资本主义的本质、帝国主义之间的战争作了深刻的揭露后，就更加向往社会主义了。在《关于这次战争的常识》中，他就谈到：如果有人以为德国帝国主义似乎比英国的更坏些，这只是因为英国人是作伪的能手而已。人类的仇敌既不是德国，也不是英国，而是资本主义和帝国主义，不管它们装饰着什么外衣。“英国的米字旗也好，法国的三色旗也好，德国的帝国之鹰旗也好，这些不过是骗人的把戏。今后世界上只有两面真正的旗帜：民主的社会主义的红旗和资本主义的黑旗，上帝的旗帜和财神爷的旗帜。”

在英国无产阶级在战争中提出“干涉者从俄国滚出去”的口号的时候，萧伯纳表示自己也非常赞赏。他发表政论作品生动活泼地反映了1917年发生在俄国的这一具有世界历史意义的重大事件。

从苏维埃社会主义制度刚诞生时起，萧伯纳就公开表示对新制度的拥护。而当俄国革命受到武装干涉时，萧伯纳又积极投入捍卫年轻的苏维埃共和国的运动当中。

在《伤心之家》的序言中，他还嘲笑那些“想用武力和诽谤来镇压国外的革命，而把自己的活动称为与布尔什维克主义作斗争的人”。在1921年发表的《俄国的惨祸》一文中，他也曾痛斥资产阶级报刊对社会主义革命的诽谤。他还积极支持英国共产党创办《工人日报》，为报纸的发行投入了大量的股金，并终身成为报纸的股东。

1921年，萧伯纳还在英国共产党理论刊物《劳动月刊》的创刊号上发表了《无产阶级专政》一文，文中明显地指出社会主义制度对资本主义制度的优越性，特别是社会主义道德，更具有资本主义道德不可比拟的高尚性、真实性。他还将苏维埃俄国为全民谋幸福的创造性劳动与资产阶级的寄生生活作对比，坚定地站在社会主义这一边，肯定新制度并与任何诽谤这个新制度的人作斗争。这时萧伯纳的政论作品及艺术作品中，苏联的题材成了新的主题。

第五章 / 大师的思想世界

1. 宗教观

在萧伯纳看来，上帝就是“生命力”，并宣称：“我说‘生命力’，就是上帝，但英国人反对这种见解，英国人认为‘生命力’是外国人，而上帝是英国人，这便是我们意见分歧所在。”他的这番言论自然也引起了混乱。萧伯纳自己说，他受过爱尔兰教会的洗礼，可是他在周围的不信神的社会的援助下获得了自由，从10岁开始，他就不去教堂做礼拜了，到了10几岁的时候，他就变成了无神论者。他认为“罗马天主教的神父也能成为像新教的牧师那样和善与有教养的人；有的人把都柏林社会的谦恭有礼看成为人类的真正特性，这种见解是无知的。”

虽然萧伯纳以为自己已经摆脱了神学的迷信，然而，他的一生都有着宗教思想。萧伯纳的宗教观与正统的宗教以及一般社会所公认的宗教观念很是不同，他说：“如果宗教是使人们互相结合的东西，而非宗教是使人们分离的东西，那么，我必须作证说，我在我国的音乐天才中发现了我国的宗教，在我国的教堂和客厅里发现了我国的非宗教。”然而，到了萧伯纳70岁的时候，又说：“度过了70岁之后，我对人生的认识是这样的：没有宗教信仰的人是道德上的懦夫，而且当他清醒的时候，多半也是身体的懦夫。”

当萧伯纳坚持认定“创造进化论”的时候，坚定地说：“创造进化论就是宗教，但是，我要重申：创造进化论也是科学，因为宗教如果要在今天生存，必须变成科学。”

佛兰克·赫里斯对这句话的理解是：萧伯纳是一个妥协者，原因是萧伯纳把宗教与科学的结合正如同他将爱好和平的费边主义与在战争中偏袒一边的行为融合起来一样。另外，赫里斯还认为，萧伯纳的作品《英国佬的另一个岛》、《巴巴拉少校》、《结婚》、《千岁人》中采用的神秘主义论调体现了萧伯纳还企图在自身之外寻求神灵的帮助。

为了证明自己的宗教观念的正确性，萧伯纳还表示上帝也做过错事，而自己的职责就是“纠正上帝的错误”。虽然只是“纠正”，然而萧伯纳实际做的却是毫无保留地谴责教会，并主张废除教会。

萧伯纳认为，对上帝的真正信仰与教会毫无关系，对于一种“至高无上的力量”的信仰，对于现代人来说，是有必要的，而且也是容易的，这一点又表现了萧伯纳在看待宗教方面的矛盾性。在他的心中，上帝在为“创造进化论”的工作而奋斗，还在利用人们做他的劳动者，并且认为这才是上帝创造人类的真正目的。这种看法无疑又引来了强烈的争议。

既然如此，救世主的地位何在？萧伯纳曾在文章中谈到耶稣，在《安屈雷克里斯与狮子》一剧的序言中，曾谈起作为人的耶稣，作为思想家与改革家的耶稣。萧伯纳承认耶稣对世界产生的影响，更承认耶稣在任何时代都是一种活跃的、生机勃勃的力量。

当萧伯纳在佛兰克·赫里斯寄来的信中得知他想要写一部关于耶稣的书时，立即给他回信：

我亲爱的佛兰克·赫里斯：

我的命运似乎是应该在“公然抄袭”的罪名下步你的后尘。关于研究莎士比亚的一番努力也就够糟了，没想到你现在又说你在写耶稣的传，我在《安屈雷克里斯与狮子》——一个关于基督教殉难者的剧本——的序言里，也正在写同样的东西，所以你必须加紧工作。

他们告诉我说，我从《四福音传》和《新约圣经》的其他各部分所搜集的材料和法国批评家约瑟夫·欧内斯特·雷农的作品摘录大体上一样，我最近初次很仔细地把《新约》读完了，我在少年时代也读过全部《圣经》，但那完全是一种虚张声势的举动，我不知道这是否真有其事，因为我没有读过《耶稣传》，我马上就要把这本书拿来看一看。

无论如何，你、我和乔治·穆尔都要采取同一行动方针，这确实是意味深长的。我想提出来的主要论点是：现代的社会学和生物学正一步一步地证实耶稣的特殊经济学和神学。

你最有趣味的著作将会是你的自传。人家常常要我谈一谈佛兰克·赫里斯的事情：他是谁？他是从哪里来的？他是美国人吗？他是德国的犹太人吗？他是威尔士人吗？他是爱尔兰人吗？他是英格兰人吗？我只好承认说，虽然我和他们发生同样的兴趣，但我完全不知道这些问题该如何回答；当我初次碰见你的时候，你已经是一个定型的、无法理解的、令人惊异的事实，用你现在的强烈个性，和你将来所预示的那种令人畏惧的推测，把你的过去完全蒙蔽起来了。

永远是你的

萧伯纳

1915年11月11日

佛兰克·赫里斯在复信中说，不管是不是抄袭，他都喜欢读萧伯纳的东西，并且在读过萧伯纳的作品之后，会立即把自己的感想告诉给他。

萧伯纳对耶稣的评论引起了他和佛兰克·赫里斯的一次关于莎士比亚的争论，萧伯纳极力否认莎士比亚是一个温雅、和蔼、仁慈、忧郁、推究哲理的思想家和诗人，或者说以上的所有形容词萧伯纳都愿意承认，唯有"温雅"一词，萧伯纳拒绝承认。同样，他对耶稣也有着这种看法，他用大到夸张的语调说："温雅、顺良、柔和的耶稣是一种虚假的现代发明，不能在《四福音传》里找到证据。"

对于他的看法，佛兰克·赫里斯尤为惊讶，他不敢相信这种话出自萧伯纳之口，即便是他对基督教有着不同于常人的看法，然而耶稣基督的完美形象还是不容置疑的。佛兰克·赫里斯的理由是，耶稣劝世人"连左颊也转过来"让人家打，劝世人把外套也送给那个劫夺我们的强盗，教导世人善待敌人。耶稣还说："温柔的人有福了，因为他们必承受土地。"对于这些，佛兰克·赫里斯不能接受萧伯纳的"一种虚假的现代发明"的论断。

后来，萧伯纳给《四福音传》写了一百多页的评论，这篇评论被认为是十分客观公正的评论，萧伯纳在评论中说路加给马太和马可的故事增加了感情和浪漫色彩，并表示“使我们心悦诚服的是路加笔下的耶稣”。

对于《四福音传》的真实性，萧伯纳认为无关紧要，在他看来，信仰只不过是因人而异的情趣而已。

通过萧伯纳与佛兰克·赫里斯一篇关于耶稣的书信，也许能够让我们更为全面地了解萧伯纳对宗教以及信仰的看法：

亲爱的佛兰克·赫里斯：

你对我的《安屈雷克里斯》序言的评论像你的一切作品一样，是饱含趣味的文章，但关于“耶稣的温雅”这个题目，你必须和圣马太，而不是和我，决最后的胜负。纵使我们能承认“山上垂训”是一篇真实的户外演说词，而不是一个非常明显的“格言”集，他仍然不能使我们断定耶稣自己便是他在训诫中提出来要求听众学习的榜样。

有一个古老的故事讲到一个大臣的接待室里挂满了图画，挂在一边的图画都是乡村的风景和有家庭情绪的作品，挂在另一边的图片是关于战争、流血以及痛苦的情景描绘。这个大臣在挑选人才的时候，细心观察着他们对图画的态度，较为注意描绘战争图画的人，便表明他是一个爱好和平的胆小者，战争和勇敢在他的意识里充满着浪漫的魅力；流连于描绘乡村风情以及家庭情绪图片的人，大臣便立即任命其担任军事方面或者其他方面的危险的工作。你见过哪个运动员是凶恶的？你见过一个不凶恶的人道主义者？你自己那么喜欢“山上垂训”，而且那么喜欢温良和慈悲，没有见过你的人也许会以为你是个基督般的、双眼温柔无邪的人物，然而，见过你的人是否说过你是“温雅、顺良、柔和的佛兰克”呢？

你用海盗般的态度和偶尔可怕的言辞去表示你对索尼娅和奥斯卡·王尔德的同情，这个显而易见的矛盾是个常见的自然现象。

如果我宣称，《马太福音》的记载前后矛盾，令人难以置信，因为他们所描写的那个傲慢的、喜欢辱骂人的耶稣不可能是那个忍耐、慈善、宽恕的说教者，你一定会认为这种批评是冒昧的、肤浅的。并且将会提醒我说，那个写《解放了的普罗米修斯》和《莱昂和茜丝娜》的雪莱，也就是那个痛骂罗伯特·斯图尔特·卡斯尔雷子爵、约翰·斯科特·埃尔登伯爵、他自己的父亲以及所有老人的雪莱。难道你会因为赫伯特·斯宾塞那么认真地劝人家不要从事劳苦的工作，就说他一定是个懒汉吗？反之，他正是因为自己不能节制劳力，在写《第一原理》一书时工作过度，长期影响身体健康，才这样劝人家的，这一点你是看得非常清楚的。

对耶稣发生兴趣的人对他几乎都会形成一种自以为是的观念，他们反对我的序言没有把这种观念表现出来，但是我的序言关于耶稣的现代概念完全没有关系。我在《圣经》里找到4个有关耶稣的传记。其中三个叫做“对观福音书”，也就是《马太福音》、《马可福音》、《路加福音》，之所以这么说，是因为他们对耶稣一生的事迹的记录大抵相同，其中两个对他的性格的描写至少没有互相矛盾的地方。第四个福音描写一番不同的事业和一个不同的人物——如果耶稣的名字没有被点出来，而在犹太人的要求下被庞修斯·彼拉多钉上十字架，那么，他也许会被当做一个使徒或一个重要异教的领袖。世人把这三个耶稣合而为一。伟大的画家们曾经描绘三个国王与牧者同在马厩里：这种不可能的配合一定会让马太和路加极为愤慨。

马太是个文人，是个历史学家。路加是个有感伤情调的传奇作家。约翰是个深通世故的人，一个具有魔术和玄学才干的政治家，和菲·奥·帕拉塞尔瑟斯一。马太想当然地认为耶稣是属于傲慢一类的人，对异教徒具有一般社会人士的正确见解，而且当然是厌恶那些和他意见不一致的人。路加把耶稣写成一个歌剧院的男高音歌手，态度和蔼可亲。马太和路加都不是以见证人的资格写传记，也似乎没有参加政治生活的实际经验，他们不知道政治家和教士在过私人生活时是怎样说话和行动的。反之，约翰的著作表明他是一个见证人，他根据阶级的情况，知道哪些参加委员会工作和参加政治、宗教示威运动的人是什么样，其差别就像安东尼·特罗洛普和一个描写英国国王终日戴着王冠，被首相在私人会晤中称为“陛下”的外省的小说家的差别一样。结果你觉得你很了解马太、路加和约翰是哪一种人，你甚至对马可也有一种明晰的概念。然而，耶稣你却捉摸不住，因为马太所叙述的人物典型虽然非常明确，但你觉得马太不认识“性格”，不了解“独出心裁”或“反传统”是什么东西。路加的画像虽然是很好的虚构人物，然而太过莫扎特化了，不能使人相信是现实主义的作品。约翰正在塑造一个高级共济会成员的形象，而且从未把你带到宗教剧的幕后去。

我从这些材料中选择了《四福音书》一些共同学说的片段，以及《四福音书》中证明由当代实际情况推断出来的“豪放不羁的生活”的特征。关于那段“像一头走上被屠杀命运的羔羊”的难于理解的话，迄今只有我提供过相当的解释。对于其他的话，我却不能作出虚构的说明。你可以在你的下一部作品中把理想的耶稣反映出来，正如伯恩·琼斯把他想象中的耶稣反映在斯佩尔德赫士教堂的窗上一样。这个基督和霍尔曼·亨特的《世界之光》完全不同，霍尔曼·亨特所描写的基督也不是威廉·布莱克在《约伯》一诗里描写的上帝的儿子。你笔下的基督不会像玛丽·克雷里笔下的基督。理想的基督是各种各样的创造，有的像裁缝制衣用的人像模型，有的说成是“重新化身”和默示，然而，当你谈到那些文献的时候，你又再一次谈起我的序言来了。

所谓高级的评论更是一种讨厌的东西，因为它看不见《福音传》背后的作者。这种评论甚至不告诉你：马太和马可是两个把零碎材料加以整理的人，而坚持说，这种人并不存在，而是一阵风把那些散乱的东西吹在一起，于是，便产生了一部《福音传》，这些都是真理的无用部分，我已经把有用的东西筛分出来，当做煤渣，而不是作为垃圾丢掉。

永远是你的

萧伯纳

1917年1月

从这封回信中可以看出，萧伯纳对于宗教的严谨态度，他以这种哲学思辨的方式看待四福音，正符合他自己提出的观点：唯一可以信赖的教条就是没有教条。

2. 萧伯纳的社会哲学

如果对萧伯纳的社会哲学没有了解，那么就不可能真正了解他的戏剧家的生涯。萧伯纳的作品中都渲染着他的社会主义色彩，他用十分真诚的态度对待自己的意见，如果他实践自己的信仰没有比他人更为成功，那么并不是因为他的办事能力有问题，而是因为当时的社会与环境的不允许，用萧伯纳自己的话说就是“警察不许我这么做”。

萧伯纳一方面发表过关于收入应该平等的言论，一方面在社会普遍贫困的情况下，自己将巨款存入银行。当然，萧伯纳是完全以正当的手段积蓄财富的，而萧伯纳自己却认为，自己是像他的房东那样剥削演员和剧院经理的。事实上，在当时的情况下，像萧伯纳这样向全世界宣扬一些令人不愉快的真理而获得一份正当的财产和崇高的社会地位的作家极为少见，单从这方面来说，萧伯纳的成就已然很大。另外，这也使得他一面呼吁收入平等，一面聚积财富之间没有了矛盾，因为这份财富是他的劳动而并非剥削所得。

事实上，没有社会主义，就没有萧伯纳，更不会有萧伯纳的戏剧，因而，研究萧伯纳，了解萧伯纳，就必须了解这位艺术大师的思想，因为这种思想是萧伯纳作为评论家和戏剧家的社会背景，也可以说是前景。

显然，使得这位戏剧大师之所以成为大师的思想就是：愿望改变或者改良现存的环境，从而创造一种新的、更为先进的文明。

萧伯纳就是如此，他用幽默这种具有神圣气质的武器去攻击自己生活着的资本主义社会制度的种种弊端。有人对萧伯纳说，他在美国享有很大的声望，萧伯纳幽默地问道："你说的是哪一种声望？我是一个哲学家、小说家、社会学家、评论家、政治家、戏剧家和神学家。因此我享有7种声望。"

佛兰克·赫里斯为此说："我很是不明白，他怎么能成为哲学家，或者甚至成为笑的哲学家；他最多不过是个在诙谐中常常含有小聪明言论的宫廷弄臣或小丑而已。"在赫里斯看来，只有像柏拉图、亚里士多德这样的创立一个思想体系或是思想流派的人才有资格算是哲学家，由此说来，不曾创立一家思想，也不会产生一个门徒的萧伯纳算不得哲学家。

诚然，与哲学家相比之下，用社会改革家的称号描绘萧伯纳似乎更为贴切，赫里斯说："简单说来，萧伯纳的社会主义是以生产资料的社会化，和通过市营及国营的交换为目标的，他主张一切有用的工作都是不可缺少的。"萧伯纳认为如果收入不平等，文明也就不能存在，他试图证明收入不平等会破坏政治、法律和经济生产的社会平衡，最后产生破坏性的、灾难性的后果。社会问题对于他来说，就是国家收入的分配问题。接着，萧伯纳将一切可能实行的分配计划都视为不合理的计划，因为他认为唯一可施行的计划是平均分配。他还向那些主张收入不平等的人提出挑战，要求这些人把讨论的范围缩小到英镑、先令、便士，并且要他们提出确切的数字，用以说明伦敦圣保罗教堂教长或者职业拳手各应该获得多少报酬。之后他又说，可行的办法是，教长获得两先令半，而拳击手获得10先令6便士，只有这样分配才算平均合理，并且才能建立一个稳固的社会。

事实上，那个时候的社会主义者将萧伯纳提出的这种收入平等视为不学无术的浅薄见解，因而，萧伯纳的这个论调并没有获得广泛认可，直到20年后萧伯纳以这个题目写成《智慧妇女的社会主义和资本主义指南》以后，这种思想才活跃起来。

由于环境的束缚，作为社会主义者的萧伯纳的社会主义思想并没有发生太大的变化，起初是什么样的主张，过了很久之后依然是那样的主张。

萧伯纳认为，在“寄生虫为寄生虫制定法律”的国家中，寄生主义享有特权，这种现象是在资本主义道德观念的影响下出现的，资本主义道德视劳工为一种可耻的、下贱的必需品，一种生活失败的产物，而成功者专指摆脱了工作义务的人。也就是说，如果9个人都努力工作，他们维持第十人在奢侈中的生活，而那9个人在不失工作能力的条件下生活越困苦，第十个人就越富有。他还说，一切奴隶制度赖以建立的原则是以下层9个人的牺牲，去维持上层第十个人的生活。这就是萧伯纳的观点。

在萧伯纳的思想世界方面，不得不提的是他对法西斯“领袖”墨索里尼的崇拜，当然，这个伟大的戏剧大师必然不会是因为墨索里尼的法西斯行径而去崇拜他，而是认为墨索里尼对整个国家的成功改造。然而对于萧伯纳自己来说，却只能通过著作来表达自己的愿望，因而，他总认为自己在这个方面是一个彻头彻尾的失败者。他曾说：“我永远不会产生什么真正的影响了，因为我没有杀过人，也不愿意杀人。然而，当我死后升天时，我在职能上有责任对上帝说：‘老家伙，把人类消灭了吧，你的人类实验已经失败了。人类作为政治动物，完全不能解决人口繁殖所造成的问题，消灭他们而创造一种比较高明的动物吧。”

由此可见，萧伯纳对人类前途的根本怀疑与对创造新生物的前途的无限信仰，是形成他的人生观以及他最初有力的戏剧思想的主要原因，在他的许多剧本里，我们都能看到他的这种对人类前途表现出的黯淡态度。

虽然萧伯纳算不上是哲学家，但却是把浅近的哲学摘要提供给许多青年读者的第一个作家，由此使人们感到人生有一种意义。然而这种意义过去被牧师们的干燥乏味的说教破坏了，牧师们使得大家不再去思考哲学问题，而萧伯纳却让许多青年读者重新思考。

佛兰克·赫里斯认为，萧伯纳的思想就像是爱尔兰人所炖的一碗杂菜肉汤，其中包含着许多极为不同的思想派别，主要有叔本华、斯特林伯格、塞缪尔·巴特勒、亨利·柏格森、莫里斯、尼采、马克思、托尔斯泰、易卜生以及瓦格纳。当然，萧伯纳本人并不承认这种说法，并且在《巴巴拉少校》的序言《给评论家的忠告》中表示，他的所有的先行者都可以在英国文学中找到。

第六章 诺贝尔文学奖

1. 《圣女贞德》

1923年，萧伯纳创作了一部著名的历史剧《圣女贞德》。也正是这部剧让萧伯纳获得了1925年的诺贝尔文学奖，即使萧伯纳对此似乎不太感兴趣。

《圣女贞德》描写了在百年战争期间，一位普通的乡村姑娘领导法国人民与英国侵略者作英勇斗争的故事。萧伯纳在剧中塑造了一个献身民族解放运动的令人心醉神往的女英雄形象，这是萧伯纳剧作中最优秀的妇女形象之一。

萧伯纳是在日益加剧的社会斗争的影响之下，开始对人民英雄的形象发生兴趣的，在《圣女贞德》中，他以讽刺嘲笑的方式猛烈地攻击可鄙的征服者，挖苦虚伪的爱国主义和帝国主义的侵略战争。

萧伯纳认真研究了百年战争时的历史，想要写出真正的历史悲剧。在他看来，贞德是一个出身于平民的少女，她天资聪颖，道德高尚，办事精明能干，有很强的民族责任感。用萧伯纳的话说："她是个地道的农家女，有着农民的审慎作风与顽强性格，她看透了贵族、国王与大主教的本质，因此对于他们并不趋炎附势，赞扬崇拜……"

从贞德的谈话中，也显示出她善于接近群众，善于说服人、激励人，让群众相信民族解放运动的正义性。萧伯纳通过贞德的生平表现出西欧近代历史上基督教、新教的兴起和资产阶级民族主义的出现。剧情由喜剧情节逐渐发展为悲剧的结局。高潮的时候，贞德心中展开了激烈的矛盾斗争，曾经一度对被烧死的恐惧使她想要通过向敌人妥协来拯救自己的生命，但是最终她还是宁死不屈，一心一意要替奥尔良解围，要把“英国人赶出法国”。这个被那些高贵的人称为“出身低贱、疯狂的姑娘”心中充满了对屈辱的祖国的强烈的爱，这种爱使她在敌人面前毫无畏惧，最后终于英勇献身。

与贞德形成鲜明对照的是那些沽名钓誉的统治者和阴谋家，他们在贞德为了国家的利益做完了她所应该做的一切之后便出卖了她，使她被俘并被判为邪教徒，最后活活烧死在火刑架上。贞德的孤立无援酿成了她的悲剧，她说：“我只是一个人在世界上，我永远是孤独的。”然而，她仍然坚信普通劳动人民就是新的世界的创造者，并高兴地宣称：“我走进火焰就是走进人民的心里，而且将永远活在人民的心里。”

贞德始终是人民与祖国利益的体现者和保护人，始终在不屈不挠地与教会反动派、黑暗势力以及那些愚昧无知的代表人物做着斗争。在她看来，自由高于一切，为了自由她可以抛弃一切。她说道：“只要我能够听得见，风在树梢上飒飒作响，云雀在春光明媚的天空中歌唱，羊羔在寒冷的清晨中叫喊，我的可爱的钟声正在当当，还有那安琪儿的声音随风飘来，我能够听见这一切就够了。可是如果没有这一切我就不能生活下去。”从贞德的形象和语言中，可以看出诗与戏剧的结合，体现了她对人道主义和自由的渴望。

戏剧的结尾是一个士兵在歌唱，歌声中显示出辛辣的讽刺，他的歌仿佛从人民心底流露出来一样，意义是非常深刻的：“难道我们能够期待所有这些大资本家，这些大尉，这些主教们，这些法律家以及类似这样的人，企图从他们那里得到好处吗？只要你还活着，他们就迫使你在沟壕中流血。如果你陷入水深火热之中，他们就在那里袖手旁观，而且对你嗤之以鼻，姑娘，我要对你说的话就是，你不要听他们的话，不要怕，你不比他们愚蠢，也许比他们更聪明。”

在《圣女贞德》一剧中，萧伯纳成了为神圣、正义的民族解放事业而英勇斗争的诗人，他的历史的乐观主义的思想有所增强。他用和以前不同的新方法提出了来自人民中的正面人物的问题，并且极力表达出承认每一个民族都具有获得自己民族独立权利的观点。从女主人公贞德这一人物形象中，可以看出萧伯纳的人道主义思想以及对世界的诗意的看法。因此，《圣女贞德》是萧伯纳的又一部成功力作。

《圣女贞德》一剧是萧伯纳在日益加剧的社会斗争的影响下创作出来的。到了英国发生总危机的时候，阶级矛盾更加尖锐，斗争越来越激烈。萧伯纳也更关注社会问题与政治问题了。

2. 获奖与捐助

1925年，瑞典皇家学院决定把诺贝尔文学奖授予萧伯纳。授奖理由是：因为萧伯纳的作品具有人道主义与理想主义。

让人意外的是，萧伯纳对自己获得诺贝尔文学奖没有表现出丝毫的欢愉，并且还不愿意接受这笔奖金，他的理由是，自己原本已经十分富有，不需要这笔钱过活。

事实上，萧伯纳对于他偏偏在1925年获得这一奖励颇感莫名其妙。他风趣地说："那一定是奖励我那一年没有写出什么东西吧。"

对于这个许多作家梦寐以求的诺贝尔文学奖，萧伯纳认为，"瑞典皇家学院在颁发奖金时所赏识的人物从来就不会把那些正在奋斗的作家包括在内。发现真正的天才并不是瑞典皇家学院的任务。奖金委员会总是以作家是否有'相当高贵的'声誉作为选择的标准。"

萧伯纳还曾说过，"诺贝尔的生意经是一种彩票，一种获得最低限度的声誉的人士都可以自由购买的彩票。"既然这位文坛富翁如此看待诺贝尔文学奖，那么，他决定捐献这笔奖金的行为也就不足为怪了。于是，他把约为8000英镑的奖金赠给英国——瑞典文学基金会，作为奖励瑞典文学作品英文译本的基金。这一举措对于一向反对施舍、反对捐献的萧伯纳来说无疑是一惊人之举。

事实上，1925年的诺贝尔文学奖并非在1925年颁发的，它被延了一年，于1926年和该年的奖金同时颁发。

在诺贝尔文学奖角逐场上，萧伯纳是一群"老兵"当中的一个，当然，萧伯纳本身并没有参与角逐，他的名字一再被提出，他的作品也曾被考虑，被扬弃，然后再度被考虑。在诺贝尔文学奖落到萧伯纳身上的14年前，也就是在1911年，萧伯纳已然在世界文坛上赫赫有名，并且首次被一位牛津大学的教授、诗人墨累伊所推荐，成为1911年度的候选人。

当时诺贝尔的常任秘书威尔生对萧伯纳没有好感，便以所谓的“太会诡辩、无情、不文雅”为理由而使其落选。1921年，他又被一批瑞典学者提名，被列入竞争候选人之一，不过，诺贝尔委员会主席霍尔斯陶穆将他列在名单的第三位，结果又一次落选。1923年，萧伯纳以他的唯一著名的大型悲剧《圣女贞德》轰动整个欧洲文坛。《圣女贞德》在英、法、德、瑞典等国一再被搬上戏剧舞台，另外，这出剧目造就了一批戏剧女明星，他自己的名声也随之响彻世界剧坛，这一年，萧伯纳再度被提名。瑞典文学院院士霍尔斯陶穆的支持态度较之1921年更加积极，3年前的“慢三步”一跃而变成为“上头牌”。在授奖大会上，霍尔斯陶穆对萧伯纳给予了很高的评价。

“由于他那些充满理想主义及人情味的作品——它们那种激励性的讽刺常蕴含着一种高度的诗意美。”

这是瑞典文学院给予萧伯纳的评语，萧伯纳是在朋友的再三劝导下，才决定去领那张奖状，并把它挂在别墅墙上一个不显眼的角落里。

第七章　墓年

1. 在70寿辰宴会上的讲话

亲爱的朋友们：

近几年来，公众舆论想方设法对我发难，在一无所获之后，又转而把我捧为伟人。不管谁碰上这种事都是可怕的灾难。现在，显然又有人想故伎重演。因此，对于庆祝我70寿辰的活动，我完全拒绝发表任何意见。不过，当我的工党老朋友们请我到这里来时，我知道不会有麻烦。

不管怎样，我们现在已经建立了一个立宪党，我们已经把它建立在社会主义的基础之上。我和我的朋友西德尼·韦布先生及麦克唐纳先生一开始就明确说过，我们必须做的就是把社会党变成一个拥护宪法的党，使任何可敬的、虔诚的人都能在个人尊严丝毫不受侵犯的情况下加入这个党。我们革除了陈规陋习，这就是为什么比起任何持激进观点的人来，政府目前更怕我们。

我们的立场是非常简单明确的，我们的极大优势在于理解自己的立场。我们用社会主义来反对资本主义。按照资本家的观点，完全可以保证这个国家人人都能得到一份职业。他们不主张那份职业工资很高，因为如果工资很高，一个星期就可以攒下足够的钱，下个星期就不必工作了。他们决心以仅能糊口的工资使人们始终不停地工作，而他们自己则分享着一份资本增益。

他们说，资本主义不仅为工人提供了上述保证，而且，由于确保巨额财富掌握在一个人数很少的阶级手中，这些人不论愿意与否都会把钱积攒下来，并且不得不用于投资。这就是资本主义，而我们的政府却总是妨碍资本主义。政府既不为一个人提供工作，又不让他挨饿，而是在肯定他已经为得到救济而先付过钱之后，给他一点儿救济金。政府给资本家补助金，却又制订出各种破坏自己制度的规定。政府一直在干这样的事。我们告诉政府这是破坏，政府却不懂。

我们在批评资本主义时说：你们的制度自公布以来，从未有哪一天信守过自己的诺言。我们的生产是荒唐的。需要建造更多的房屋时，我们却在生产80马力的汽车。孩子们正在挨饿时，我们却在生产最豪华的奢侈品。你们把生产颠倒了。你们不先生产国民最需要的东西，却反其道而行之。我们说分配已经变得绝顶荒谬，以致在我国4700万人口中，只有两个人赞成现行的分配制度——一个是诺森伯兰公爵，另一个是班伯里勋爵。

我们反对那种理论。明白无误的社会主义理论指出，你们必须注意的问题是你们的分配我们必须由此着手，而如果私有财产妨碍公正的分配，就必须予以废除。

掌握公共财产的人必须受到社会的制约，比如，我带着手杖也要受社会制约。我不能拿着它随心所欲。我不能拿它敲诸位的脑袋。我们说如果分配出了问题，一切都会出问题，包括宗教、道德、政府等等。因此，我们说，我们必须从分配着手，采取一切必要的步骤。

我想我们都能铭记这一点，因为我们的任务就是要注意世界是财富的分配问题。我刚才对你们说过，现在还要对你们说，我认为在我国4700万人口中，不会有两个人，也许不会有一个人赞成现行的财富分配制度。我甚至要进一步说，你们在整个文明世界也找不出一个赞同现行财富分配制度的人。这种分配制度已经堕落为极其荒谬的东西了。

我认为，总有一天我们将能够把自己同资本主义者区别开来。我们必须把某些指导思想公布于众。我们必须宣布，我们所为之努力的不是陈旧的再分配观念，而是收入再分配。我们要让再分配始终成为一个收入问题。

今晚我在这里感到非常高兴。我们今晚的主席说，你们认为我享有社会的尊敬，并颇受你们个人的喜爱。我完全理解这番褒奖。我不是一个容易动感情的人，但是这一切感动了我。我知道这一切的价值，在我年届70岁的时候（人生70岁只有一次，因此我这样说也是最后一次了），它使我能说出许许多多人不能说的话，这使我感到极大的快乐。

1926年7月26日

2. 老骥伏枥

时光飞逝，很快便到了20世纪30年代，此时的萧伯纳已年逾古稀。尽管他有使常人望尘莫及的创作热情和精力，然而毕竟已是人生暮年，平日里的活动明显减少，作品数量也大不如前。即便如此，从1929年出版了一部优秀剧作《苹果车》之后，30年代的萧伯纳依然写出了《真相毕露》、《乡村求爱》、《触礁》、《加莱市的六个自由民》、《意外岛上的蠢人》、《女百万富豪》、《重写辛白林第五幕》、《日内瓦》、《在贤君查理的黄金时代》等剧本，因而，称萧伯纳为高产剧作家不足为过。

在第一次世界大战爆发前，萧伯纳就已经辞去了曾经任职25年的费边社执行委员会委员的职位，让位于年轻社员以培养新生力量，自从那时起，他的社会活动就日益减少。然而，作为社会名人，他还经常受邀参加一些政治演说、公众讨论等活动，他的言论和举动仍受到社会的普遍关注。

在1929年的时候，73岁的萧伯纳就曾在广播电台做了一次关于民主政治问题的广播演讲。并且还一直致力于揭露资本主义的虚伪民主，与此同时，他还宣扬社会主义真正的人民大众的民主。

1931年，这位一向对社会主义极为拥护、大力支持的著名戏剧家萧伯纳应邀访问了苏联，并且在苏联参加了为庆祝他的75岁寿辰而举行的宴会。莫斯科方面对这位来自英国的爱尔兰人士十分欢迎，为其举办的生日宴会也异常隆重，萧伯纳因此再一次地对社会主义制度大加赞赏。

当时苏联许多作家都参加了宴会，著名作家高尔基因病未能参加宴会，只能写信给萧伯纳祝寿时说道："我因患喉头炎，无法到莫斯科与您紧紧地握手，和您这个勇敢的战士、富有天才的人握手。您已经75高龄了，对那些具有保守倾向与庸俗见解的人，您用您辛辣的俏皮话不断地予以致命的打击。我非常高兴知道您在这个对您有崇高评价的国家和人民中欢度您的75岁诞辰。我国人民已经开始与您所讥讽的世界做最伟大的斗争，并且正在顺利地进行着这个斗争，令人兴奋的是，我国人民一定能够获得这场斗争的胜利。"

萧伯纳看完信后，感动不已。在苏联访问期间，萧伯纳还参观了社会主义建设，接触到了建设新社会、新文化的苏联人民，这里的一些都给他留下了非常深刻的印象。在离开苏联返回英国的路上，萧伯纳满怀惆怅地说道："我现在要离开希望之邦，回到失望之邦去了。"

回到英国之后，萧伯纳不顾一些反动机关刊物的恶毒攻击，毅然决然地发表了他的苏联之行的观感。萧伯纳认为，他对苏联的参观访问是他一切"旅途回忆"中印象最为深刻的一次。另外他还发表了许多谈话和文章，说到苏维埃人民建设社会主义的卓越成就。

在他发表于1931年1 1月8日的《每日晨报》上的一篇文章里这样写道："苏联对于民主问题的解决表明苏维埃俄国至少超过资本主义世界一个世纪。在一般文化水平提高方面，现在那儿已经取得巨大的成功，苏维埃政权在所有文明世界中是最有能力和最开明的……”

笔锋原本就犀利无情的萧伯纳在同一篇文章里还指出资产阶级社会的日趋没落，他说：“资本主义制度的结局必然是文明破产。我们能够摆脱这种制度的时候已经为期不远了，而那是以90%的人类的可怕的苦难和可耻的贫困为其代价的。”

像这种对帝国主义国家的腐朽没落给予无情的揭露，同时矢志不渝地支持苏联的积极言论，萧伯纳在30年代和40年代还发表过许多，在他这一时期所创作的剧本中，也时常能够看到同样的思想。

1931年3月，在从科西嘉到撒丁岛的途中，萧伯纳开始创作《真相毕露》一剧。这部“政治狂想曲”为读者和观众描绘了一幅英帝国主义衰败、没落、危机四伏的鲜明图画，并且还运用了苏联这个体现着真理、正义和希望的社会主义世界的题材，以“合理的社会联邦共和国”的名称出现。

萧伯纳认为在建立于谎言、虚伪和欺骗之上的资本主义社会里，要想升官发财、飞黄腾达，只能走一条无耻的、卑鄙的横行霸道的路。在这里，萧伯纳又一次宁愿说出苦涩的真理而不愿说甜蜜的谎言。

《真相毕露》一剧还发挥了萧伯纳以前在其文学及政论作品中提到的一个思想，那就是金镣铐和铁镣铐一样的沉重，最好能够摆脱这些镣铐的束缚，换句话说，就是富裕不但不能使人幸福，而且可能会破坏人的生活，我们应该追求真正幸福的社会生活。

剧中有三个狂妄的青年，他们自甘堕落地过着一种游手好闲、饱食终日、无所事事的生活。他们手中拥有一大笔钱，能够保证他们继续沉溺于这种“自由”放荡的生活。然而，事实却与他们想象的相反，他们并没有因此而感到幸福快乐。

“他们花了这些钱，除了没有止境的惶恐不安与醉生梦死外，结果毫无所获。”如果这些青年继续那样的生活只能给他们带来灰心、颓丧和绝望，除此之外并不能带来其他任何对他们有益的东西，由此看来，幸福与否并不在于是否富裕。

在这个剧本中，萧伯纳又一次发挥其特长，在稀奇古怪、异想天开的情节的复杂变化中，把真实的日常生活中的情景与虚构的荒诞无稽的东西结合起来，用令人捧腹、诙谐幽默的笔调，穿插着突然发生的争论、演说和说教，从而描写出资产阶级生活的奢侈、腐朽和堕落。

剧中第一幕首先用大量的笔墨详细地描写了患病姑娘的生活空间，那间“位于英国富裕小城的华丽别墅里的”“富丽堂皇的卧房”，房间里的陈设奢侈、豪华，可是却连“一阵新鲜的空气”都吹不进来。就在这样一个令人窒息、难以容忍的、“有如牢狱一般”的卧室里，演出了一场带有悲剧色彩的滑稽剧。

萧伯纳对女主人公生活环境的描写，是为了渲染气氛，说明这个患病姑娘的地位、身份，“房间的一切陈设都表明了这位女房主有足够的钱在最讲究的、专门迎合富有的顾客胃口的商店购买最贵重的东西。”

正是在这个“值得尊敬”的女人所住的奢华的卧室里，患病的姑娘与潜入的小偷展开了一场激烈的争吵，结果使她突然决定离开这个“镀金的笼子”，离开这个让她厌恶的家。剧中的“细菌恶魔”复活之后哈哈大笑，而小偷却以演说家的姿态进行说教，叙述这个有教养的姑娘如何反对奢侈生活的故事。

萧伯纳又讲了患病姑娘与其同伙奥毕理和齐普卡以及驻扎在海岸旁边、椰子树荫下的英国远征军的代表的奇闻轶事。这支英国远征军是派来镇压地方强盗的暴行的。让人觉得荒诞可笑的是，当地土著居民中根本没有什么强盗，而患病姑娘改穿女仆的服装后住在营房里，却第一次享受到充分的自由与快乐，尽情地欣赏宇宙的奇迹。这样倒使她的意识中产生了对合理事业的渴望，没有它，她就无法生活下去，她觉得她现在之所以不幸福，就是因为她没有事情可做，没有地方可去，是一个心灵彷徨的“无家可归的流浪者”。她所代表的整个“无望的一代”的特点就是心慌意乱、心灵空虚，整天茫然不知所措。

患病姑娘在彷徨与漂泊中理解了自己，看到了自己的内心深处，可是她对于自己以及对她周围的世界所做的结论是让人悲观失望的。

患病姑娘说：“我们值得尊敬的地方就是妄自尊大、假仁假义，而我们的虔诚就是贪得无厌、自私自利。”女主人公想从绝境中找条出路，幻想“妇女们的某种团结合作”，但是她却不知究竟如何去做。

剧中的其他登场人物也由于找不到出路而苦闷、徘徊，例如庸俗放荡的齐普卡，窃贼奥毕理以及随军牧师等，他们都曳足而行，有时绊倒了，有时跌了跤。这些行为举止都是有深刻寓意的。这些人物都是些心灵上受到严重摧残、曾经受战争与现实社会痛苦折磨的人。他们也都深刻地意识到现实生活的无聊、空虚。整个剧本一直都在表现战后资产阶级知识分子意识上的危机而提出了人类的前途问题，并且在新阶段上延续了有关生活的意义与现实社会制度的争论。

萧伯纳为了表达他的积极的人道主义，同那些把人类贬低到动物程度的颓废派论争，他通过奥毕理的口这样说道：“我们现在都直立着，并不屈膝，甚至并不低头，并大声叫喊：站起来吧，大家站起来吧！能够直立是人的特征。让低等动物去爬行吧，我们并不俯首屈膝。”

就这样，萧伯纳在指出寄生生活与游手好闲的生活都毫无意义之后，积极鼓励人们寻找走向幸福生活的道路，而且他还在剧本中描写了普通劳动人民的形象和心灵高尚的人的形象。他既描绘了深夜的黑暗，也指出了黎明的曙光。后来，他还把目光指向了苏联这个“合理的社会联邦共和国，反映了这位人道主义作家的良好意愿。

1932年，萧伯纳又写了一部带有抨击性的中篇小说《黑女求神记号》。这是按照伏尔泰的传统而写成的一部带有辛辣嘲讽意味的小说。小说里，萧伯纳以尖锐怪诞、引人入胜的形式反映了为私人利益服务的宗教的社会本质这一根本问题。主人公黑女天真烂漫地要去寻找上帝，她愤怒地抗议宗教思想欺骗的势力。当她遇到一队白人时这样说道：“你们是偶像崇拜者，你们是未开化的人。当我找到上帝的时候，我就会获得精神上的力量来消灭你们，并教育我们的民族不要自相残杀。”

小说最后的结局是黑女遵循英明的老翁伏尔泰的意见，安然地耕耘自己的园林，并且在自己身上寻找上帝。小说中涉及许多与人类命运休戚相关的重大问题，如宗教与科学的问题、民族压迫问题、暴力问题以及受到“世界危机时期”侵害的资本主义文明的前途问题等。作者通过小说鲜明地表达了自己的观点。

除了文学创作之外，这一时期的萧伯纳还出游了许多国家。萧夫人夏绿蒂特别喜欢外出旅游，夫妇二人于1932年年底搭乘“不列颠皇后号”邮船，开始了他们的环球旅行。萧伯纳自己并不十分喜欢旅游，这个时候的萧伯纳已经是七十多岁的老人了，因而在路途中遇到很多麻烦和不愉快的事，特别是在一些地方出现了水土不服的反应，令萧伯纳大伤脑筋。然而，总体来说，旅游还是给他们带来不少快乐的事，比如说，到了新西兰，萧伯纳就被那里美丽的风光和淳厚的乡情所吸引，甚至还考虑到要在那里长期居留，享受这份快乐。

此次的周游世界也让原本不怎么爱出门的萧伯纳眼界大开，去了许多从前没有去过的地方。在这以前，萧伯纳只是在欧洲大陆和法属北非各地漫游，所到过的最南的地方是马德拉，最东的地方是莫斯科，最北的地方就是瑞典首都斯德哥尔摩，而牙买加是他到过的离美国最近的地方。然而这次的环球旅行不一样，他不仅去了像新西兰那样的南半球的国家，还去了美国的一些城市。

事实上，在萧伯纳到美国之前，曾经多次发表言论把美国当做批评和嘲笑的对象。“他把美国骂得痛快淋漓，其勇气不在其他任何英国作家之下。他无求于费力承受美国人的殷勤款待之苦，也不需要在美国人负担费用的情况下靠巡回演讲来发财致富。”

因而，在他决定做环球之旅以前，他虽然无时无刻不在关注美国，然而却从来都没有去过美国。

当然，美国对萧伯纳的态度和萧伯纳对美国的态度完全不同，美国是最早欢迎萧伯纳戏剧的国家，即使萧伯纳已经把美国骂得

“痛快淋漓”，可是美国人仍然“有一半跑来找他，剩下的一半拥护他”。怪不得萧伯纳曾经认为：“如果我们要引起美国人的兴趣，我们只需面向全世界，公开把美国人当做嘲笑的对象。”

在萧伯纳终于踏上美国的土地时，依然受到了热烈的欢迎。对美国几个城市的参观访问，使他对美国有了更切实的亲身体验。

1933年2月19日，77岁高龄的萧伯纳旅行途经中国，访问了北平和上海。萧伯纳刚到上海的时候，就受到了宋庆龄、鲁迅以及其他一些文化界人士的热烈欢迎。另外，他还应邀去宋庆龄家做客，参观了一些地方。紧接着，萧伯纳又到了北平，同样受到了热情友好的接待。

由于萧伯纳的戏剧及文学作品很早就为中国人民所喜爱，所以他在这次短暂的中国之行中，无论走到哪儿，都被视为上宾，并且还和中国的许多社会名流当面交流。萧伯纳的中国之行十分短暂，可是却引起了中国各界人士的广泛关注，萧伯纳的“上海——北平”之行圆满结束之后，瞿秋白便将有关萧伯纳这次参观访问的文章编成了一本书，题为《萧伯纳在中国》。

即便是在周游世界的行程中，萧伯纳也没有忘记戏剧创作。《乡村求爱》一剧就是他在“不列颠皇后号”邮船上创作完成的，剧中就曾描写过一些轮船上寂寞的旅行者。在这部“两幕喜剧”中，作者勾画出了一个热爱劳动的人物形象，这个人认为人生的快乐在于经常的劳动，而不在于饱食终日或者物质的得失。这个人特别想找个幽静的地方把自己耳闻目睹的事记述下来，然而却总受到一个好奇的陌生女人的烦扰。

同年，萧伯纳还写了一部“两幕政治喜剧”——《触礁》，这部剧反映了英国的危机与失业状况，涉及英国人民与统治者之间的矛盾，描写出贿赂与欺骗的政策如何使有产者的政权陷入绝境。剧中的政府首脑由于找不到解决失业问题的办法而抱怨说："首相仍然不得不成为一个欺骗者……"

萧伯纳在反论的形式中反映出他对改良主义的失望，他将"具有先进思想的劳动世界"与"充满政治家毫无意义的诺言的世界"对立起来，表达了作者鲜明的思想倾向。

1934年，萧伯纳又写了剧本《意外岛上的蠢人》。该剧以独特的乌托邦形式指出了殖民地的政策已经出现危机，同时说明人类游手好闲、无所事事的生活是毫无意义的，根本无幸福可言。剧作家通过他的笔无情地控诉了由于闲逸放荡的生活而产生的社会恶行。剧中主人公之一哈依耶陵克说道："我坚信当我从事某种有益的工作时，我们就不会消失。"这就是萧伯纳给人们指出的生活道路。

差不多在同一时期，萧伯纳还写了《加莱市的六个自由民》，这是一个简短的笑剧。通过这一作品，萧伯纳使伦敦的新闻记者丑态毕露。因为萧伯纳笔下的国王爱德华三世并不是像新闻记者所描绘的那样伟大，他不是一个仪表堂堂、和蔼可亲的绅士，而是一个残忍的、粗暴的国王。在这个剧本中，萧伯纳又一次表现出他善于描写情节迅速且紧张的变化的才能。

1936年，年近80岁高龄的萧伯纳又创作了一部剧本，名叫《女百万富豪》，这也是一个笑剧。剧中描写了女金融寡头叶比芒尼雅由于对财富的贪得无厌，使她从心灵上排挤了人的其他一切感觉，认为金钱是万能的，是唯一的、真正的力量，这种力量可以使她获得她想要的一切，成为全能的主宰与人类命运的统治者。

叶比芒尼雅的这种无知、狂妄的思想以及她的不少粗暴行为都是因为她的无止境地扩充自己财富的欲望而引起的。她以她的父亲为榜样，丧失了一切女性的魅力，成了一个金融寡头，一个反复无常、残忍粗暴的独裁者与压迫者。她简直就是一个剥削狂。萧伯纳在此剧的创作中，对女主人公不正常的个性行为的观察和描写是相当准确的、真实的，同时尖锐地讽刺了她感觉的迟钝和思想的贫乏，从而更有力地揭露了她赖以生存的那个社会的自私自利和丧失人性。

萧伯纳在80岁高龄依然奋斗在批判现实丑恶的第一线上，在世界戏剧史上是鲜见的，能够在耄耋之年坚持创作，可见他对戏剧的特殊情感以及与现实丑恶斗争到底的决心。

3. 最后的历程

从萧伯纳年过80岁还依然坚持创作就能看出进入垂暮之年的萧伯纳丝毫没有丧失对现实问题的浓厚兴趣。虽然他的活动较从前大为减少，但仍继续从事一些有益的活动，对关心的问题还不时地发表新的言论，同时也有力地反驳了那些宣称萧伯纳已经日暮途穷的险恶企图。

萧伯纳以其敏锐的洞察力和旺盛的创作精力，又于1938年完成了一部政治“狂想”的喜剧《日内瓦》。这是一部与现实政治联系相当紧密的剧本，萧伯纳把疯狂、暴虐的法西斯头子墨索里尼、希特勒和佛朗哥化名为色姆巴东、巴特勒和普朗哥送上了历史法庭。在这个非常现实的剧本中，萧伯纳又一次巧妙地将真实的情况与虚构的事件结合起来，并称此剧本为“幻想的历史的一页”。

众所周知1938年爆发了第二次世界大战，萧伯纳能在这一时期在剧本中将几位战争狂人、大独裁者作为人类和文化的敌人摆在读者面前，并使其被汇成河流的鲜血照得满脸通红，表明了他的批判现实主义传统以及在政治上的远见卓识。同样，萧伯纳也没有放过那个奥尔费马沙先生，那个英国反动头子，就是他使得狠毒的冒险家、卑鄙的伪君子和残酷的刽子手登上了历史舞台。他的罪过也是不可饶恕的，因而他才会在人民面前吓得发抖。

从萧伯纳这一时期的作品中，可以看出这位剧作家无论在思想的深度上，还是在艺术创作水准上都达到了相当的高度，使他当之无愧地成了英国现代文学史上的一大文豪，甚至那些总怀恶意的批评家也不能否认这一点。

20世纪30年代末，萧伯纳还发表了《重写辛白林第五幕》和《在贤君查理的黄金时代》。有人认为，《在贤君查理的黄金时代》与10年前的《苹果车》，在萧伯纳后期的作品里形成了对峙的双峰，在语言和思想两方面都达到了新的高度。这个剧本有一个自相矛盾的副标题“从来没有发生过的真正的历史”，由此，我们可对萧伯纳的独创性有所了解。他在剧中将自己的历史想象力自由驰骋；把风流国王查理及其情妇名演员耐尔·格文，还有宗教改革家约翰·诺克斯，画家耐勒和大科学家牛顿一同置于牛顿的书房内，各逞辩才，大谈人生。这样精彩的场面描写表现出了萧伯纳丰富的想象力和娴熟的驾驭语言文字的能力。

进入40年代，萧伯纳的戏剧作品明显少了，这与第二次世界大战有着密切的关系。在这样一个战争与动荡的危机年代里，欧洲的作家中很少有人能够写出重要的著作来。这时的萧伯纳仍坚持发表言论，指责帝国主义的侵略政策与战争政策，频繁地发出捍卫苏联的呼声。在他发表的许多文章里，都是以腐朽制度的反对者、苏维埃国家及其人民的忠实朋友的姿态出现。

1944年，萧伯纳发表了一部政论作品《大众政治指南》，这与他在1928年出版的《智慧妇女的社会主义和资本主义指南》一样，同为萧伯纳后期的主要政论作品。另外，萧伯纳后来还经常采用剧本序言的形式来写政论性的文章，表达其社会政治见解。他时刻关心着政治，在尖锐地批评资本主义的同时，密切地注视着苏联及其巨大成就。

“我并不是以一个穷人来反对物质上的不均现象，而是以一个相当富有的人来反对它，但是我知道什么叫做无产者，甚至贫困的无产者……我历尽了一切艰难困苦，也有一番成就。”他又说：“我出身的阶级是一个最不幸的阶级，我的一生经历了一连串的苦难与穷困，我所经受的挨饿与无家可归的痛苦不是任何人所能经受的。”

萧伯纳在两种制度的选择方面，立场是相当坚定的。这也表现在他的《大众政治指南》一书中，书中论及两个社会的对比、资本主义世界的矛盾以及苏联在社会主义经济与文化建设方面的成就。而且在他生活的最后几年里，还发表了许多重要的政治声明，为美国共产党领导人辩护并指责工党政府的对外政策，赞扬苏联的和平政策。

萧伯纳在第二次世界大战刚刚结束两年的时候，又写出了新作《波扬特的亿万财产》，这部剧是年过90岁的萧伯纳创作的一个多幕剧。这部剧与《女百万富豪》相似，刻画了一个资本主义社会里的暴发户的形象。

接着，萧伯纳又创作了《牵强附会的寓言》和《莎氏和萧氏》两个剧本，《莎氏和萧氏》似乎是萧伯纳对自己和前辈作家莎士比亚以往创作上的激烈争论所作的总结，再一次显示了萧伯纳辩论艺术的高明。

1949年，萧伯纳的自传性小品文《自我素描十六篇》问世了，这是他在不同时代完成的小品文的结集出版。其中包括萧伯纳对自己漫长的生活道路与创作生涯的可贵的回忆，还有他与不同的传记记者展开的激烈的辩论，反驳了一些传记记者对他的生活及思想的随意歪曲和恶意篡改。萧伯纳的这本书就是对那些传记记者的警告。

关于传记，萧伯纳在佛兰克·赫里斯为他写的传记的序言里这样说道："除了亨德森的《萧伯纳传》之外，我的传记没有一本是获得我的特许的，你写的那一本尤其不能得到我的同意。如果你发表我的片言只字，我就要让你吃官司。我不想让你著书。你怎样写你自己的书，这是我所关心的事，也是与你的名望有关的事。我已经让你看过我的一些自传材料，这些东西我打算将来自己写出来发表。因为如果你坚持要写我的传记，那么你也该知道你写的是什么东西，但是你必须用你自己的方法讲故事，不要用我的方法。"

后来，赫里斯写完传记后还没来得及出版，便因病去世，因此，应该由佛兰克·赫里斯写的出版社校对的校样留给了萧伯纳。

为此，萧伯纳说：“我一生做过许多不得不做的古怪工作，这次的工作可以说是最古怪的了。”他还风趣地称那本传记是一部“由佛兰克·赫里斯执笔的我的自传。”

在那本传记的序中，萧伯纳写道：“现在我只要说明我把这部书校订到什么程度，使之有出版的可能。佛兰克对我一生的事迹知道得很少，而且，他不耐烦做调查研究之类的非常单调无味的工作，甚至也不愿费点心思，去看看阿奇博尔德·亨德森教授给我写的不朽的传记，所以结果他说了许多猜测的话。他的猜测往往不很准确，有一些和事实相差很远。甚至当他直接向我要到材料时，他也不愿放弃那些和材料互相矛盾的猜测，仍然让事实和想象中的猜测同时并存，使它们轮流出现在传记里，因此发生许多显而易见的矛盾。我只是根据事实进行了补充和纠正，把客观方面的矛盾都删掉，使作家将来参考这部传记时不致误入歧途。但是，我没有试图纠正作者主观方面的矛盾，就算这些矛盾是由于他把正确的材料和猜测的虚构搞乱了而产生的。如果作家规定出一条僵硬的单一的评价标准，而迫使其他一切事物向它看齐，那么，这种作品是最不自然的，在传记文学上也是最没有价值的。这和一匹马在奔驰的一刹那间给照相机抓取到的镜头一样。当我看到作者在本传记中的评论有一两处是源于荒谬的传说，不能不删掉时，我只略加变动，使文章首尾连贯。书中一切评论和嘲笑的话，一时坏脾气的爆发，以及谴责我的话，我都毕恭毕敬地予以保留，我曾经小心谨慎地不使全书因为几处必要的改正而受到损失。”

萧伯纳就这样把那本他“不完全赞同”的传记整理出版了。而且，在他看来，一切传记都是谎话。不但是谎话，而且是深思熟虑的谎话。因为他坚持认为，没有一个人会坏到或者好到能在生前说出关于他自己的真话的地步。此外，萧伯纳还赞同关于传记的广为流传的说法，那就是，活着的人的传记只有等到他死后才能完成。

萧伯纳生命中的最后几年是在半隐居的状态下度过的。他一直住在赫特福郡圣劳伦斯的郊外住宅里，深居简出，过着严格的有规律的生活，然而，他的剧本创作却一直没有中断。当他的夫人夏绿蒂·潘旦馨还在世的时候，二人互相关怀体贴，相依为命，过着悠闲清静的日子。萧伯纳平时很注意进行户外活动，身体还算硬朗。而且他也很会保养自己，注意劳逸结合，在文学创作之余，他还在自己住宅的花园里栽花整枝，在树荫下闲坐小憩。

1950年，94岁的萧伯纳又在创作《她为什么不愿意》一剧，然而，这部戏剧终未完成。这一年10月的一天，萧伯纳正在自己的花园里劳动，修剪树枝，不幸摔伤，造成大腿骨折，动手术后回家疗养。

起初，萧伯纳并没有在意，然而，没过多久，他就患上了急性肾炎，并于11月2日病逝。

在这位伟大的戏剧家逝世的当天晚上，全世界的剧院停止营业，舞台灯光全部熄灭，以示沉痛的哀悼。

萧伯纳没有子嗣，在他逝世以后，他的36.7万英镑遗产的一部分作为制定英国语言改革计划的基金，而大部分赠予爱尔兰国家美术馆、不列颠博物馆和皇家戏剧艺术研究院。

萧伯纳逝世以后，随即掀起了一场有关他的文学遗产问题的激烈的争论。反动的批评家抓住萧伯纳在创作上和世界观上的一些弱点，企图否定萧伯纳的成就，缩小他的言论对社会及公众的影响。

然而，这种企图是根本不能得逞的。

当这位戏剧大师逝世后，全世界的剧院都悼念这位杰出的剧作家。萧伯纳留传给后世的众多剧本还不断地在舞台、银幕和广播上重复出现。

时过境迁，萧伯纳的人物和场面依旧魅力无穷，吸引观众的、萧伯纳机智巧妙的对白依旧耐人寻味，发人深省。逝去的只是萧伯纳的身体，而他的剧作，他的思想将流传后世，影响深远。人民将永远纪念这位“被压迫民众的忠实朋友。”

在萧伯纳的一生中，从1892年的第一部剧作《鳏夫的房产》问世，直到1950年逝世，在这58年的创作生涯里，他总共写了51个剧本，几乎平均每年都有新的作品与读者或观众见面，即便是在他去世前不久，依然没有间断剧本的创作，这在世界文学史上来说，是极为罕见的。

这位戏剧大师为后人留下了丰厚的文学遗产。他的作品深刻地揭露了资本主义社会的各种弊病，观察和分析问题都入木三分。从语言的角度来看，萧伯纳也堪称一位大师，擅长用说反话的手法，在似非而是的玩笑中道出深刻的真理。

当然，萧伯纳也有缺点和不足，主要表现在他的作品往往是鞭挞有余，而结局却不尽如人意。然而这些创作上的不足并不能掩盖他批判现实主义的长处，更不能影响他在人们心目中的伟大形象和在文学史上不可动摇的地位。

4. 尾声

他，不只是个剧作家。

戏剧大师萧伯纳的一生是传奇的一生，纵使没有金戈铁马的厮杀，没有生生死死的跌宕，仅凭他对写作与文学的热爱与追逐就足够奠定他在世界戏剧史上的永恒地位。当然，他，不只是个剧作家，这还要从他的人生经历说起。

在佛兰克·赫里斯眼中，萧伯纳是这样的人：

> “他身材非常高大，穿上皮鞋有6尺多高，瘦骨嶙峋，一张骨骼突出的长脸，在我看来有一种事事都要寻根究底的神气。淡褐色的头发和长得散乱的赤胡子，英格兰人的灰蓝眼睛，眉梢耸起，在那警觉而灵敏的表情上，加上了一点无拘束的“魔鬼般的”嘲弄神情。他很随便地穿着一套花呢衣服，软羊毛领配着一条普通的领带，全身打扮显出对华丽衣饰的一种鄙视的态度。他的双手很洁净，保养得很好，但没有修指甲。他那略带红色的头发但还是非常白皙的皮肤在我看来似乎过于缺乏血色，使我想到他的素食主义（这素食主义使我好久迷惑不解）。他那急躁猝然的动作——像永远在变化的心思那样的急剧——他那毫无拘束的样子——都显示出他是一个很能干的人，意识到自己才华出众，说话非常直截了当，非常诚恳，有敏锐的判

断力——特别显示出他是一位很有吸引力的健谈者，他说话中的爱尔兰土音尽够使女人们用一种想要捕获他的眼光去估量他。”

从佛兰克·赫里斯这段不乏诙谐幽默的描写中，可以对生活中的萧伯纳大致的、直观的形象有所了解。

虽然萧伯纳后来成了一个杰出的文学家、剧作家，事实上，这并不是他少年时代的梦想。萧伯纳的少年时期梦想做一名画家，受家庭环境的影响，尽管没有上过几年学，但音乐、绘画等艺术修养却相当高。之前说到过，萧伯纳像鸭子喜欢水那样地嗜好音乐，以致他还不到12岁就能够用口哨吹出所有歌剧杰作的音乐，从前奏曲吹到终曲。萧伯纳在绘画方面的天才不比在音乐方面的逊色。在15岁时，他不必看目录就能认出都柏林美术馆里许多意大利画家和佛莱芒画家的作品。这些使得萧伯纳后来认为，各种艺术品都应该使少年有接触的机会，使他们可以发现一种他们自然而然感兴趣的艺术形式。从幼年时期，艺术就成了萧伯纳生活中不可缺少的一部分。

萧伯纳生活中最喜爱的活动和消遣方式是游泳。小的时候，父亲就常带他去基林尼湾游泳，给他讲游泳的重要性。而且萧伯纳一向注意活动健身，游泳自然是再适合他不过的了。除此之外，萧伯纳还练过拳击，在他的长篇小说《凯雪尔·拜伦的职业》中就有关于拳击比赛的描写。萧伯纳还说过，“我知道拳击时怎样进退，怎样做动作，正如我知道下棋时怎样移动棋子一样，如此而已。”他只是把拳击作为一种活动身体的方式，并不是什么“了不起的拳击家”。有关拳击方面，他还曾说过这样的俏皮话：“用不着虚张声势去吓唬人，你只要摆出恰当的架势，让别人去张牙舞爪，让他们自己用想象中的东西去吓唬自己就是了。”

萧伯纳非常喜欢户外活动，因而他对运动员非常重视，他认为运动员的生活对改进我们的生活方式有所裨益。而且他还很喜欢谈论有关补充体力和元气的必要性方面的话题。所以一切有益健康的活动他都愿意参加。除了游泳、拳击外，60岁以后，他又开始骑摩托车。然而，萧伯纳并不喜欢搞竞技的游戏，因为赢也好，输也好，他全不在乎，他在娱乐时绝对不去计算分数。他坚决主张采用“萧伯纳学派的规则”，何谓“萧伯纳学派规则”？这项规则是说，当一个球员击出一球，使对方不能照样击回的时候，他应该向对方道歉，并且承认这种打法是自己有失体面的事情。

关于萧伯纳的热爱运动，佛兰克·赫里斯曾说过：“我虽然不能把萧当做运动员，但是他的确是个一清早就在户外活动的人。他骑摩托车在哈福德郡的单向行车道上风驰电掣，以锻炼神经。他开汽车的爱好，他的游泳，他的大踏步地散步，使他在需要久坐、过着案牍生活的人们当中，成为身体活动较多的一类人物。”

非但如此，萧伯纳从26岁的时候就成为一个素食主义者，不吃肉，不喝酒，也是由于这个原因，他的身体一直十分健康，他还自称可以活到100岁，直到临终前一年他还曾写道：“我甚至不想就此告别，因为我身上还有足够的劲儿，还可以大干一气呢！”

九十多岁的老人能够说出这样的豪言壮语，不得不让人惊叹不已。

从萧伯纳的生活方式中就可以看出，他一直是一个热爱生活、精力旺盛的人。从19世纪90年代开始，他就一直投身于批判现实主义的剧本创作中，他的后半生就是在不断地创作过程中度过的，而且他密切关注现实生活，反对“为艺术而艺术”的思想，因而，他能够有那么多部深受欢迎的优秀剧本流传后世。

然而，萧伯纳并不是一个一心追求永垂千古的人。在他50岁的时候，曾应允著名雕塑家罗丹为自己塑像。他还诙谐地说道，他希望一千年后的人名词典提到他时写明：“萧伯纳：罗丹塑造一座半身像的对象，此外默默无闻。”

如果有人把萧伯纳当做偶像来崇拜，无论怎样地谄媚他、恭维他，也不会助长他的骄傲自满的心理，而只会更增加他的和气。在萧伯纳看来，过高的荣誉对一个必须生活和工作的人是没有什么好处的。因而，朋友们才会说：“萧伯纳的确是一位能够胜利地经受名声显赫考验的人物。”

对恭维与谄媚不会产生自满心理，那么，对于那些对他进行诽谤攻击的人，萧伯纳自然也不会怀恨在心，更不会存心报复，他只是始终保持着一种超脱和镇静的态度，用冷静的逻辑和机智的利箭去讥笑或消灭敌人。

萧伯纳是不会留一个敌人在他身后的，他宁愿敌人站在他的面前。他说：“对待你的朋友要像一个将来会成为你的敌人那样，对待你的敌人像一个将来会成为你的朋友那样。”另外，对于旗鼓相当的敌手，他总是表示十分欣赏，他经常警告大家说：“当心那个对你的攻击不还手的人：他既不饶恕你，也不让你饶恕你自己。”

之前说过，萧伯纳从来不进行社交访问，任何使他爱好社交活动的努力都会以失败而告终。有一次，当他与一个朋友在塞维尔文艺俱乐部进午餐以后，就下定决心不跟文人交朋友了。“假如我当时是个傻瓜的话，”他说，“我也会坐在那里看这些家伙彼此互相标榜，对世事所得到的知识，和打字机上的铅字摆动一下所得到的知识一样多：就这样来消磨我的一生。”萧伯纳不仅避开文艺团体，而且也不加入任何集团性质的团体。不过，他常在委员会里服务，只有在那里才能找到他，认识他。

认识萧伯纳的人都觉得他为人善良随和，不像他的作品那么强劲有力。许多人第一次要和他会晤的时候，总是做好准备承受他尖刻犀利的妙语，但到头来总是为他的待人态度而感到惊讶。对此，萧伯纳自己解释说：“世界上没有一个人能像他们想象中的我那么令人讨厌，所以我只需表现出一般的殷勤态度，看起来就十分可爱了。”与萧伯纳多次交谈后，大家都会觉得他很健谈，能长时间地谈话，并带有微弱的土音，不时地插进一声短笑。大家这么形容他：“从他日常那快快活活的样子，可以知道他觉得世界是个幸福的地方，至少比他笔下所谴责的那个存在着社会和经济弊端的世界，要幸福得多。”

尽管萧伯纳善良慈祥，却不愿听到别人谈这一点，难怪有人谈到他时说他有一颗“慎重隐藏着的纯洁的好心。”当他贷款给矿工以建造廉价的工人住宅时，记者问他为什么要这样做，他回答说：“6厘利息。”因而，有人诽谤他冷酷、为富不仁。其实不然，他只不过是忠诚坦白而又爱开玩笑而已。他有时能慷慨地为人们作出牺牲，但他觉得，“只是由于考虑到礼貌问题，他才不能更多地帮朋友们的忙。”而且，他的机智、嘲讽的妙语也触痛了一些人的伤口，因而他的同乡、好友、著名戏剧家、诗人奥斯卡·王尔德曾说：“萧伯纳在世界上没有一个仇敌，但他的朋友没有一个喜欢他。”

日常生活中的萧伯纳，也和他的作品一样，妙语连珠，以幽默、嘲讽而闻名。据说有一次，一个好莱坞电影业大老板特地去拜访他，并恳求他说：“把你的戏剧拍摄权转让给好莱坞吧！如果把你的戏都拍成电影，让全世界的人都能去看你的戏，这对艺术的贡献该有多大啊！”

萧伯纳不愿意让自己的艺术品被糟蹋了，便对这个好莱坞大老板说：“先生，你想得很妙。可是你关心的是艺术，而我关心的却是钱啊！”就这样，萧伯纳巧妙地拒绝了那位大老板的要求。

还有一次，萧伯纳正与一个身材肥胖的神甫谈话。神甫上下打量了一下高大瘦削的萧伯纳，然后说：“萧伯纳先生，看你这副模样，真叫人以为英国人都在挨饿呢！”萧伯纳立即反驳说：“但是，看你这模样，人们一下子就明白了：这苦难的根源，就在你们这种人的身上啊！”神甫听了后无言以对。

萧伯纳甚至认为，居丧的人们也需要一点诙谐的安慰，并自称可以在一切悲惨的环境里始终保持着沉着镇定。在他57岁时，母亲去世，他作为两个送葬者之一，快活地跟在母亲棺材的后面。当遗体火葬以后，有人对他说：“萧，你的确是个快活的人。”

事实上，这个时候的萧伯纳不但对丧葬的过程和仪式产生了浓厚的兴趣，甚至幻想他的母亲正在他的头上向下张望，和他同享那些引起他的幽默感的乐事。在萧伯纳小的时候，当他姑婆埃伦去世时，他曾跪到花园里伤心地痛哭，以为自己将永远摆脱不了悲哀的情绪，结果，让萧伯纳出乎意料的是，这种他认为一辈子都摆脱不了的悲哀的情绪只在他的心里持续了半个小时。从那时起，他就认识到，眼泪狂流只是一种反射作用，在对死者表示真正的、永久的尊敬方面是没有什么价值的。正是这个原因，让后来的萧伯纳才逐渐具有了在任何悲惨环境里保持镇定的坚强性格。

关于这位幽默的戏剧大师还流传着许多他的传说、趣事，人们一直都在怀念中探讨他的作品和幽默。

萧伯纳最初开始他的文学活动时，就是以资本主义社会的揭露者的姿态出现的。在他七十多年的文学创作道路上，经历了一个复杂的、矛盾的、摸索的过程，最终在社会现实主义戏剧方面取得了巨大的成就。

在他最初创作的几部“未成熟的小说”中，就已体现出了一种艺术接近现实的思想倾向。他受到文学具有重大社会意义这一思想的鼓舞，坚决地为实现现实主义美学原则而论战，并不止一次地宣称，如果是“为艺术而艺术”，他宁愿一字不写。他非但在写作中反对“为艺术而艺术”，还在社会实践中讨论现实的社会问题，他很早就加入了费边社，并且还经常在社会主义者集会中演讲，积极讨论社会问题。

在剧本创作上，萧伯纳受挪威著名戏剧家亨利·易卜生的现实主义戏剧的影响很大，而他的讽刺艺术则是继承了18世纪英国卓越的讽刺作家约拿旦·斯威夫特和亨利·菲尔丁的优秀传统。在此基础上，他开了现实主义讽刺剧的先河。在多年的文学活动中，作为一个现实社会的揭露者，一个政论家，他是非常注意了解社会、接触社会的，他利用民间的喜剧、可笑的谐谑等形式，以敏锐的观察力、乐观的精神和机智幽默的语言把资本主义社会的各种丑陋的现实尽置于无情的嘲弄之中。他的作品往往是在似的玩笑中道出沉痛的真理。

萧伯纳在批评资本主义罪恶的同时也指出：为了消灭这些罪恶现象，必须改变社会制度。但受费边主义思想的影响，在他所作的大多数宣言中，都主张渐进、和平地从资本主义过渡到社会主义。在他的剧作中也经常带有妥协性的特点，结局不尽如人意。但萧伯纳却始终拥护社会主义，他早年就曾读过马克思的著作，并受其影响很大。他曾说："世界上有千千万万的书籍，但其中很少能在读者心中留下永久的印记。假使有人请我举出19世纪出版的书籍作为例证，我一定要把马克思和巴克尔两人的著作列在最前面。"

在萧伯纳的剧作中，常常不注重情节的精巧安排，但却很注意描写人物的对白。萧伯纳也借剧中人物之口，表达其社会主义的、人道主义的思想观点。在苏联"十月"革命胜利之后，萧伯纳更加明确地区分了资本主义社会和社会主义社会的根本不同，积极支持苏联的社会主义事业，作品中有关苏联的题材也日益增多。这也使他从纯破坏性的批评圈子中走出来，越来越意识到苏维埃人民革命的重大意义。他密切注视着现实政治，多次发表言论反对资本主义制度，支持社会主义事业。在《触礁》一剧的序言中，他这样叙述过："我并不对自由写作与畅所欲言抱有幻想……我不久之前曾经周游世界，到处宣传。

如果俄罗斯将放弃共产主义走向资本主义，那么在这种情况之下所有西方国家就不得不把自己的军队扩充10倍，日日夜夜担心着敌人的空袭。无论我们是否选择共产主义制度，我们必须竭力支持俄国的共产主义，并促使这种主义在中国发展，因为中国已有好几个省、为数1800万的居民实行了共产主义制度，这样做是对我们明显有利的，这种道义是非常明显的。我陈述自己的意见时并不受到任何阻碍，并且能够把我的意见发表出来。但是在这个由于害怕马克思主义而感到痛苦的西方世界里，我找不到一个报刊能够支持我的观点，或者登载我的观点。”

从这段话中，可以看出萧伯纳对社会主义和人道主义的自由、人权的渴望。他对社会主义，对苏联抱着同情、支持态度的同时，对美国这一资本主义世界的头号强国却“骂得痛快淋漓”，对此，他“不愿说一句客气话”，并且多次拒绝了美国的访问邀请。他的社会政治观点是相当鲜明的，立场是坚定的。

萧伯纳还是一个世界闻名的批判现实主义文学家、政论家。由于其批判现实主义的文学传统，使他只能以一个“资本主义社会的揭露者”的姿态出现，在作品中不断表现出反对资本主义社会的、反对不合理制度的社会政治思想。又由于他是一个密切关注现实政治的社会主义者，所以作为文学家，他的作品就成了反映他社会思想的有力工具，总是不同程度地表达他的社会主义的、人道主义的思想观点。

附录

萧伯纳生平

1856年7月26日，萧伯纳出生于爱尔兰首都都柏林的一个小公务员家里。萧伯纳的父亲是个没落贵族，母亲出身于高贵的乡绅世家，从小受过严格的上等教育。

萧伯纳的童年、青年时代十分不幸。他的父亲不仅外貌丑陋，而且还是个懒惰的酒鬼，大多数时间都沉浸在酒精里，所以整天醉醺醺的。妻子和孩子的事，他一概不管。

萧伯纳少年时期，研究音乐理论的万达里尔·李与他们合租了一幢房子。因而萧伯纳受到了这位研究音乐的邻居影响，也迷恋上了音乐，13岁的时候，萧伯纳就能够用口哨吹出许多优秀歌剧的片段，因为家里太过贫困，所以15岁的萧伯纳不得不辍学。为了维持生活，他进入都柏林的汤森地产公司当学徒。

1876年，萧伯纳的父母离婚。萧伯纳告别了父亲，离开了贫困的爱尔兰，随着母亲来到伦敦。刚开始的时候，萧伯纳没有工作，靠母亲微薄的薪水维持生活，渴望找到一份称心的职业，他先在爱迪生电话公司外务部找到一份差事，然而没过多久这家公司就倒闭了。经人介绍，萧伯纳得到了为《大黄蜂》报撰写音乐评论的机会，不幸的是，这份报刊没过多久也停刊了。在万般无奈之下，萧伯纳便想以写作谋生，可是并不顺利，他一连写了5部长篇小说，但都被60家出版社所拒绝，这样的打击使得萧伯纳更加沮丧。在长达9

年的时间里所得的稿酬不过6英镑，其中5英镑还是代写卖药广告的报酬。

1876到1898年的12年间，萧伯纳在伦敦从事新闻工作，在《明星报》、《星期六评论》上写了很多关于音乐和戏剧的评论文章。在易卜生影响下，萧伯纳一贯反对王尔德“为艺术而艺术”的观点，大力倡导和创作以讨论社会问题为主旨的“新戏剧”。

热心参加社会活动的萧伯纳有一个弱点，那就是从小害羞，不敢在人多的地方说话，如此一来，怎么能够被社会认可呢？为了克服这个缺点，萧伯纳参加了一个叫“考求者学会”的辩论会。由于他经常当众与其他学者们辩论，因而他自身的缺点很快就克服了，又过了不久，萧伯纳便以爱尔兰式的机智幽默赢得了听众，并且很快就成为了一位令人倾倒的演说家。经历了当初演讲从失败到成功，萧伯纳更是坚信自己在文学道路上不会失败。

听了评剧家朗诵易卜生的剧本《培尔·金特》后，萧伯纳对戏剧产生了浓厚的兴趣，并安下心来研究易卜生的剧本，随后写下了《易卜生主义的精华》一书，这部书在欧洲戏剧史上有着重要的地位。在易卜生的影响下，萧伯纳认清了戏剧作为武器，不仅可以将英国舞台的污秽扫除，还能倾诉自己对这个现实社会的不满，于是，他立志要革新英国的戏剧。

1892年，萧伯纳正式开始创作剧本，他的第一个戏剧集《不愉快的戏剧集》，其中包括《鳏夫的财产》、《华伦夫人的职业》、《荡子》3个剧本；第二个戏剧集包含有《武器与人》等4部剧本；第三个戏剧集《为清教徒而写的戏剧集》包含《魔鬼的门徒》等3个剧本。萧伯纳的戏剧的确改变了19世纪末英国舞台的阴霾状况，他本人也成了戏剧界的革新家，掀开了英国戏剧史的新一页。

1896年萧伯纳结婚，虽然婚姻改变了萧伯纳的一些生活习惯，但是没有改变他对戏剧的热爱，并写出了《伤心之家》、《英国佬的另一个岛》、《皮革多利翁》、《巴巴拉少校》、《圣女贞德》等大量优秀的作品。

1925年，萧伯纳获得了诺贝尔文学奖，他将约为8000英镑的奖金捐给了瑞典的生活穷困的作家们。

1950年11月2日，萧伯纳在海瑞福德郡埃奥特圣劳伦斯寓所因病逝世，终年94岁。

获奖辞

乔治·萧伯纳在他青年时期创作的小说中就表现了他后来一贯坚持不变的对世界的看法和对社会问题的态度。这一点比任何事实都更能为他提供辩护，反驳那些说他不诚实，在民主的殿堂上扮演职业丑角的一再指责。他的信念从一开始就非常坚定不移，似乎就连社会发展的总进程也不仅未能对他施以任何实际影响，反而将他直接带到了他现在发表演说的讲坛上。他的思想具有某种抽象的逻辑上的激进主义性质，因此它们远非新鲜，但是它们却从萧伯纳那里获得了一种新的定义和异彩。在他那里，这些思想和一种敏捷的机智结合在一起，完全摈弃了任何形式的常规，加之他那极为生动有趣的幽默——所有这些聚集在一起，形成了文学中几乎前所未有的狂文风格。

最令人迷惑不解的是他那嬉戏般的快乐劲儿，这使人们容易认为所有这一切不过是一场游戏，目的是引人大吃一惊。然而这与真相相差得太远，就连萧伯纳本人也有资格颇为公正地声明，他无忧无虑的安乐态度不过是一种策略：他必须哄得人们发笑，这样人们就不会想到拉他去上绞架了。然而，我们十分清楚，不论有可能发生什么事情，都很难吓住他，使他不再直言不讳；而他之所以选择了这样一种武器，正是因为这种武器对他最为合适，用起来效果最佳。他运用着这一武器，带着一个天才的极端自信心，这种自信来自一种绝对宁静的道德心以及一种诚实的信念。

他很早就成为革命学说的宣传家，这些属于美学和社会学领域的学说价值各异，因此他很快就为自己赢得了辩论家、知名演说家和记者的显要地位。作为易卜生的拥护者和英国以及巴黎的肤浅传统的反对者，他在英国剧坛上留下了印迹。他本人的戏剧创作开始得较晚，当时他已经36岁，写剧的目的则是为了满足他所引起的各种要求。他以生来具有的把握进行剧本创作，确信自己有许多话要说。

他以这种随便的方式终于创造出了一种在某种程度上可以被称为新的戏剧艺术，对这种戏剧艺术必须按照其本身的特殊原则进行评价。它的新奇之处并不在结构和形式上。他通过对戏剧艺术极其清醒和训练有素的了解，毫不费力地迅速达到了他认为对其目的有用的所有舞台效果。但是他表达思想的那种直率方式完全是他个人的，那种好战性、灵活性，以及思想的多样性也完全是他所独有的。

在法国，他一向被称为20世纪的莫里哀，这种比较是有些道理的，因为萧伯纳本人认为，他在遵循古典戏剧艺术的旨趣。他所说的古典主义是研究严格推理和辩证的精神爱好，反对任何可以被称作浪漫主义的事物。

如果我们从这里回顾萧伯纳的最佳剧作，就会发现我们在许多地方都能够从他那玩笑和挑衅下面找到圣女贞德这个英雄人物所表现出来的理想主义因素。他对社会的批评以及对社会发展进程的看法也许显得过于直率地追求逻辑推理，出自过于匆忙的思考，并且由于简化而变得过于松散，但是，他与没有坚定基础的传统观点的斗争以及同虚假的、半真半假的传统情调的斗争都证明他的目的是高尚的。更为突出的是他的人道主义，以及他以其特有的不动感情的方式所表示敬意的那些美德——精神自由、诚实、勇敢，以及条理分明的思想——这些在我们这个时代里都很难找到坚定的拥护者。

我所说的这些只为萧伯纳的毕生事业提供了些微事实，而且几乎一点也没有谈到他的大多数剧本所附的著名的前言——或许应该称其为论文。多数前言明晰、活泼、才华横溢，是无法超越的佳作。他所创作的戏剧作品赋予他当今时代最吸引人的剧作家之一的地位，他的前言又使他获得我们这个时代的伏尔泰的称号——如果我们只考虑到伏尔泰的最佳作品。从完美而简朴的风格着眼，这些前言似乎会提供一种在行文高度新闻化的时代里表达思想和进行论战的最高、同时就其方法来说也是最优秀的形式。更为重要的是，它们巩固了萧伯纳在英国文学中的显要地位。

瑞典学院诺贝尔奖评委会主席　佩尔·哈尔斯特龙

获奖时代背景

当萧伯纳得知瑞典皇家学院将1925年诺贝尔文学奖的帽子戴到自己的头上的时候，态度极为冷漠，并且还将奖金捐给了瑞典的作家，然而，这一年的诺贝尔获得者中，除了文学奖得主萧伯纳以外，其他奖项的得主没有一个人漠视这个奖项为自己带来的荣誉。

让我们先看看1925年诺贝尔和平奖得主的情况，这一年的和平奖给了为第一次世界大战之后没有能力赔款的战败国德国解决了赔款问题并使得其经济得到恢复与发展的“道威斯计划”的制定者查理士·格茨·道威斯，这个美国副总统以及垄断资产阶级的经济学家并没有表现出冷漠与无视。

另一位和平奖的得主是促成洛家洛公约的奥斯丁·张伯伦，这个英国保守党也没有表示“何必要在一个老头子身上系一只金铃”的意思。

这一年的诺贝尔化学奖得主席格蒙迪在这个时候身体状态较为恶化，对于肯定自己的诺贝尔化学奖的到来自然是欣慰激动而非排斥漠视的。

物理学奖得主古斯塔夫·路德维格·赫兹由于阐明了原子受电子碰撞的能量转换定律而得奖，无疑是对自己的叔父也是自己的导师、电磁波的证实者海因里希·鲁道夫·赫兹最好的报答，因而，古斯塔夫·路德维格·赫兹也不会轻视诺贝尔奖为赫兹家族带来的荣誉。与古斯塔夫·路德维格·赫兹一同分享了1925年诺贝尔物理学奖的德国物理学家佛兰克也没有理由冷漠地对待自己的付出换来的荣誉。

如此说来，这一年的诺贝尔获奖者中，萧伯纳是另类。

萧伯纳年表

1856年7月26日，生于爱尔兰都柏林。

1870年，父母分居。在都柏林美以美教会中学毕业，由于家境困难，未能升学。

1871年，在一家房地产公司做抄写员，之后又任会计。

1876年，移居伦敦母亲处，依靠母亲生活。想要写作生活，未成功。但是他没有灰心，博览群书练习写作，同时，积极参加社会活动。

1879年，第一部小说《未成熟》遭到卡普曼荷尔书局审稿人的拒绝。

1880年，完成小说《无理之结》。

1882年9月，听了美国小资产阶级经济学家利·乔治的演讲。从此开始注意研究社会经济问题，并阅读马克思的《资本论》。

1884年，改良主义的费边社成立，萧伯纳参加该社，并成为该社的组织者之一。同年发表长篇小说《业余社会主义者》，尖锐地批判了资本主义。

1885年，开始写长篇小说《凯雪尔·拜伦的职业》和《不合理的姻缘》。同年开始和威廉·阿契尔合作从事戏剧创作。由于两人意见没有取得一致，剧本最终搁浅。

1886年，完成《凯雪尔·拜伦的职业》。

1887年，完成《不合理的姻缘》，同年开始写小说《艺术家的爱情》。

1888年，完成《艺术家的爱情》。同年，马克思之女爱琳娜邀他参加易卜生名剧《玩偶之家》的业余演出。剧评家威廉·阿契尔朗诵易卜生《培尔·金特》一剧给他听，萧伯纳开始研究易卜生。

1891年，发表关于易卜生戏剧创作的评论《易卜生主义的精华》。

1892年，发表第一个剧本《鳏夫的房产》。

1893年，发表关于妇女问题的剧本《荡子》（又译《好逑传》）。

1894年，发表《华伦夫人的职业》一剧，揭露道貌岸然的绅士淑女原来是榨取妓女血泪钱的妓院主。此剧在英国无法演出。由《鳏夫的房产》、《荡子》、《华伦夫人的职业》三剧编成萧伯纳第一个戏剧集《不愉快的戏剧集》，同年还发表了《武器与人》。

1895年，写成《风云人物》一剧，揭露资产阶级的伪善面目。

1896年，完成《难以预料》一剧，涉及资产阶级家庭的瓦解问题。

1897年，《康蒂坦》和《魔鬼的门徒》两剧发表。《康蒂坦》、《武器与人》、《风云人物》、《难以预料》四剧组成了萧伯纳的第二个戏剧集《愉快的戏剧集》。《魔鬼的门徒》和《布拉斯庞德上尉的转变》、《凯撒和克莉奥佩特拉》三剧组成萧伯纳第三个戏剧集《为清教徒写的三剧本集》，表达了作者对帝国主义侵略政策的愤慨。

1900年，发表《布拉斯庞德上尉的转变》。

1903年，发表阐述自然哲学思想的第一部作品《人与超人——喜剧与哲学》。

1904年，发表剧本《英国佬的另一个岛》。

1905年，在英同工人运动以及俄国1905 年革命的影响下，发表了剧本《巴巴拉少校》。此剧表现信仰“金钱和炸药”的军火商安德琳夫和女儿巴巴拉之间的冲突。同年，发表剧本《她怎样对她的丈夫说谎》。

1907年，发表历史剧《凯撒和克莉奥佩特拉》。

1908年，发表关于家庭和婚姻问题的剧本《结婚》。

1910年，发表《贵贱联姻》、《芳妮的第一个剧本》。

1911年，创作出剧本《医生的穷境》。

1913年，创作出反宗教喜剧《安特洛克利斯与狮子》。

1914年，发表论文《战争常识谈》，表明自己对战争的观点。

1917年，创作出表现第一次世界大战前夕英国知识分子绝望情绪的剧本《伤心之家》。十月革命发生，萧伯纳是亚欧最早同情和拥护这一革命的进步知识分子代表人物之一。

1919年，《伤心之家》发表。

1920年，《伤心之家》上演。

1921年，变种的生物戏剧《回到马修斯拉时代》发表。同年，在英国共产党理论刊物《劳动月刊》的创刊号上，发表了论文《无产阶级专政》。

1925年，获诺贝尔文学奖。

1929年，《苹果车》发表。

1931年，访问苏联，在莫斯科度过75岁寿辰。高尔基写信向他祝贺，称颂他是“勇敢的战士”，还对他说：“你活了一世纪的四分之三，对于人们的保守倾向和庸俗见解用你尖刻的俏皮话给以致命的打击，不知多少次了。”回国后，萧伯纳发表演说撰写文章，赞扬苏联人民的卓越成就，并且多次公开声称未来的世界属于社会主义。同年发表《爱兰黛丽和萧伯纳通信集》与《作家评论家》。

1932年，发表剧本《真相毕露》。

1933年，访问中国。2月17日到达上海。与宋庆龄、蔡元培、鲁迅等会面。同年，发表最后一部小说《黑女求神记》。

1936年，发表剧作《意外岛上的傻子》、《女百万富豪》、《日内瓦》、《在贤君查理士的黄金时代》。

1944年，发表政论书籍《大众政治指南》。

1947年，发表剧作《波扬特的亿万财产》。

1948年，发表剧作《牵强附会的寓言》。

1949年，发表剧作《莎氏和萧氏》以及小品文集《自我素描十六篇》。

1950年11月2日，于英格兰东部海瑞福德郡一小村镇逝世。

获奖当年世界大事记

（1925年）

1月，贝尼托·墨索里尼正式宣布意大利国家法西斯党为意大利唯一合法政党，由此建立了长达18年的法西斯独裁统治。

6月，艾哈迈德·佐格宣布阿尔巴尼亚实施共和制，成立阿尔巴尼亚共和国，并由自己担任共和国总统。阿尔巴尼亚共和国短短3年便寿终正寝了，1928年，艾哈迈德·佐格自立称帝，阿尔巴尼亚由此又成为了君主制国家，艾哈迈德·佐格也成为了索古一世。

10月2日，约翰·洛吉·贝尔德将光线转化为电信号的装置试验成功，这个用于电视机装置的成功试验标志着电视的诞生，第二年的1月，贝尔德研制的电视第一次公开播送，电视正式诞生。

10月，第一次世界大战中的欧洲协约国为了与中欧以及东欧国家确认战后的领土界线以及争取恢复与战败德国的关系，欧洲多国在瑞士洛迦诺签订了洛迦诺公约，此公约在10月5日到16日期间签署，12月1日在伦敦获得确认。洛迦诺公约是1924年到1930年之间改善西欧各国关系的基础，对维护特殊时期的西欧和平产生了重要影响，洛迦诺公约于1936年3月7日被纳粹德国否定。